ALUNOS RÚSTICOS, ARCAICOS & PRIMITIVOS

O PENSAMENTO SOCIAL NO CAMPO DA EDUCAÇÃO

EDITORA AFILIADA

Coordenador Editorial de Educação
Valdemar Sguissardi

Conselho Editorial de Educação
José Cerchi Fusari
Marcos Antonio Lorieri
Marcos Cezar de Freitas
Marli André
Pedro Goergen
Terezinha Azerêdo Rios
Vitor Henrique Paro

Dados Internacionais de Catalogação na Publicação (CIP)
(Câmara Brasileira do Livro, SP, Brasil)

Freitas, Marcos Cezar de
  Alunos rústicos, arcaicos e primitivos : o pensamento social no campo da educação / Marcos Cezar de Freitas. – São Paulo : Cortez, 2005.

  Bibliografia.
  ISBN 85-249-1171-9

  1. Antropologia educacional 2. Educação - História 3. Sociologia educacional I. Título. II. Título: O pensamento social no campo da educação.

05-7741   CDD-306.41

Índices para catálogo sistemático:
1. Antropologia e educação 306.41

MARCOS CEZAR DE FREITAS

ALUNOS RÚSTICOS, ARCAICOS & PRIMITIVOS

O PENSAMENTO SOCIAL NO CAMPO DA EDUCAÇÃO

ALUNOS RÚSTICOS, ARCAICOS E PRIMITIVOS: O pensamento social no campo da educação
Marcos Cezar de Freitas

Capa: Estúdio Graal
Preparação de originais: Liege Marucci
Revisão: Maria de Lourdes de Almeida
Composição: Dany Editora Ltda.
Coordenação editorial: Danilo A. Q. Morales

Nenhuma parte desta obra pode ser reproduzida ou duplicada sem autorização expressa do autor e do editor.

© 2005 by Autor

Direitos para esta edição
CORTEZ EDITORA
Rua Bartira, 317 — Perdizes
05009-000 — São Paulo-SP
Tel.: (11) 3864-0111   Fax: (11) 3864-4290
E-mail: cortez@cortezeditora.com.br
www.cortezeditora.com.br

Impresso no Brasil — outubro de 2005

Um pouco antes de fazer o arremate deste livro recebi o generoso convite de Luciano Mendes Faria Filho para participar de um colóquio sobre as contribuições da antropologia para a história da educação, realizado no majestoso colégio Caraça, em Santa Bárbara, Minas Gerais. Dedico este trabalho, com muito afeto, ao Luciano e a todos os amigos e amigas que encontrei tanto na UFMG quanto naqueles luminosos dias no Caraça.

Sumário

Introdução: gente "de primeira", "de segunda" e "de terceira" 9

1. A antropologia portuguesa e a cultura mental do analfabeto 19

2. Antropologia e antropometria na educação: usos "contra" a infância e a juventude 45

3. A antropologia, a escola e a diferença cultural: conhecer a infância e a juventude rústicas enquanto existem 61

4. Da idéia de estudar a infância no pensamento social brasileiro: a contraface de um paradigma 73

5. Encontrar-se em *O espelho de Próspero*: secularizar a República e converter a ciência para fazer um homem novo 101

6. A sociedade civil, instância promotora de ensino: um lugar conceitual para a política e um lugar político para o conceito 117

Referências bibliográficas e documentais 133

Introdução

gente "de primeira", "de segunda" e "de terceira"...

Este é um livro que trata da aproximação entre antropologia e educação. Discute o convívio de educadores e de pensadores sociais com as ciências e as técnicas de conhecimento, interpelação, interpretação e "regeneração" da pessoa/aluno considerada "diferente". No caso deste livro, "diferente" muitas vezes foi o eufemismo com o qual o homem de ciência esquivou-se de dizer "rústico", "arcaico", "primitivo". Rústico, arcaico e primitivo tornaram-se expressões revestidas de cientificidade com as quais se queria dizer, simplesmente, "pobre" ou "aluno pobre".

O livro recupera também um pouco da história de alguns laboratórios de antropotecnia ou dos laboratórios de antropologia cultural e discute também a circulação das ciências que forneciam "ferramentas" para medir, comparar e testar crianças e jovens trazidas ao universo escolar; especialmente crianças e jovens pobres.

Talvez fosse mais simples avisar que a narrativa a seguir tratará do trabalho intelectual que, nas mais variadas circunstâncias, empreendeu vigorosos esforços para que a escola e o trabalho habilitassem o aluno pobre a adquirir o "formato" adequado para fazer parte da regeneração do país ou, pelo menos, para deixar de ser um obstáculo à modernização sonhada de forma diferente pelas personagens da trama que será aqui desenrolada.

Porém, o mais simples não é suficiente. Para trazer ao leitor o "tom político" deste livro é necessário, antes, refletir um pouco sobre os sentidos sociais dos verbos conhecer e temer em relação a esse "outro" que é o aluno pobre.

Conhecer o diferente e a diferença. Admitir a alteridade. Tais questões fizeram parte de cenários dentro dos quais a pobreza tornou-se a grande diferença para o investigador que procurava as razões dessa situação na cor de sua pele, nos seus componentes genéticos ou nos resultados de seus testes de inteligência. Conhecer o outro ou torná-lo "um outro" para que os aparatos de ciência evidenciem sua razão de ser.

Temer o outro. Sentir, como disse Canetti (1995), o grande pavor que resulta do risco de ser tocado pelo diferente, pelo desconhecido. É do que trata o livro, e esta apresentação poderia parar por aqui. Mas gostaria, ainda, de compartilhar com o leitor algumas situações que, para mim, demonstram que o "pavor de ser tocado pelo outro" está mais presente do que nunca e, de certa forma, os que o sentem reeditam idéias e sugestões instaladas há muito no coração da sociedade moderna.

Para demonstrar o que estou pensando, vou fazer como Norbert Elias e criar um codinome para as cidades às quais vou me referir nesta introdução.[1] A primeira cidade será aqui chamada de Milosevic do Sul e a segunda será indicada como Aurora Nacional.

Escrevi este livro em Milosevic do Sul. Quando estava na fase final do trabalho, notei que um estranho consenso se formava no pequeno burgo motivado pelas eleições municipais que se aproximavam.

Percebi que quase todos os candidatos, independentemente da filiação partidária e do espectro ideológico dentro dos quais se apresentavam à população, indicavam com o mesmo repertório de adjetivos e com as mesmas expressões de susto e asco que a cidade fora invadida, nos últimos anos, por uma quantidade desmedida de pobres.

Fruto dessa ou daquela política, não importa, até os mais angelicais analistas faziam coro com os que diagnosticavam o erro estratégico cometido: no lugar de atrair pessoas "qualificadas", procurou-se atrair pessoas

---

1. Elias, no livro *Os estabelecidos e os outsiders*, decidiu denominar "Winston Parva" a cidade na qual fez um estudo de caso.

"desqualificadas" para obter dessa ação centrípeta dividendos eleitorais. Ouvi três vezes a mesma imprecação: "quem traz gente 'de segunda' ou 'de terceira' categoria não pode depois reclamar quando for assaltado".

E em Milosevic do Sul o "cinturão de pobreza" que se estabeleceu ao redor das regiões centrais, onde suponho existam somente pessoas "de primeira", passou a ser considerado como resultado de uma ação política que inviabilizava o desenvolvimento econômico da cidade!

Vejam só quantas pedras temos de empurrar nessa montanha de Sísifo para que o desenvolvimento possa chegar, ficar e espalhar seus frutos. Pude perceber que nenhum cidadão dizia abertamente que rejeitava as pessoas "de segunda" ou de "terceira" por razões pessoais ou relacionadas a preconceitos de qualquer espécie. Imagine!

É que os cidadãos de Milosevic do Sul diziam que pobres poluem as águas, sujam as ruas, aumentam o índice de criminalidade e, vejam só o que escutei, desmancham a estética da cidade, desestimulando, assim, os investidores que, em decorrência, desistem de trazer para o recanto os recursos necessários (para quê?) para o desenvolvimento.

Estou omitindo um dado da maior importância. Homens "de segunda" e "de terceira" impedem o desenvolvimento "equilibrado", eles dizem! Perdão pela omissão.

Como a pesquisa que deu ensejo a este livro obrigou-me a ler muitos documentos de agências internacionais ligadas ao tema desenvolvimento, como os de Banco Mundial, por exemplo, ou os do Fundo Monetário Internacional, outros ainda da Conferência Internacional sobre Nutrição, Desenvolvimento e Planejamento, meu incômodo diante do consenso que se estabeleceu em Milosevic do Sul tornou-se um fardo pesado.

Diante de tais documentos, alguns antropólogos, como o colombiano/norte-americano Arturo Escobar ou o indo-britânico Homi Bhabha, demonstraram quanto, desde o final da Segunda Guerra Mundial, as políticas voltadas para o desenvolvimento produziram mais fome quando atuaram sobre a desnutrição; mais poluição quando atuaram sobre a natureza; mais miséria quando instituíram a competitividade como estratégia capaz de dar às assim chamadas "populações alvo" (ou seja, nós e nossos homens "de segunda" e "de terceira") recursos para que obtivessem condições de participar de um desenvolvimento considerado plausível e aplicável em qualquer lugar e circunstância.

Aquilo que em Milosevic do Sul se dizia à boca pequena, na realidade já estava em circulação internacional, nos quadros do atual modelo de produção internacional da miséria, à custa do constante ajuste gerenciado por organismos internacionais que sabem que homens "de segunda" e "de terceira" deixados à própria sorte não só engendram a barbárie como retiram a tranqüilidade que o mercado precisa para que nossa economia cresça (não míseros 3,5%, mas imponentes 5,6%!). E nós de Milosevic do Sul que pensávamos ser provincianos!

A estetização da miséria com os recursos descritivos da ortodoxia econômica, esta voltada para o ajuste humano às demandas do desenvolvimento, deixava nas bocas e nas palavras uma imagem da pobreza associada a uma rusticidade que todos queriam evitar: o pobre e a pobreza precisavam ser "reconfigurados" para que o desenvolvimento não procurasse lugar mais "apropriado" para acontecer.

Em dado momento, meu trabalho foi interrompido pela notícia de que em São Paulo moradores de rua foram assassinados a porretadas. Procurei não olhar por alguns dias nos olhos dos que estavam preocupados com o desenvolvimento de Milosevic do Sul. Fiquei apavorado com a hipótese de encontrar em cada olhar aquela fagulha que diz sem palavras: é isso! Eis a solução!

Mudei um pouco o projeto original do livro e procurei, então, textos recentes nos quais me preocupei em analisar os temas da rusticidade, do arcaísmo e do chamado primitivismo cultural, para trazê-los em conjunto a esta nova publicação.

Percebi que já faz um bom tempo que tenho me ocupado com o diálogo direto ou indireto entre pensamento social e educação. Por isso, encontrei mais textos do que me lembrava.

A vida segue em Milosevic do Sul, e a maioria das pessoas não está lá muito interessada em saber como a educação e os educadores trataram das crianças consideradas rústicas, arcaicas ou primitivas no último século. A grande questão local (!?) é o desenvolvimento.

Mal sabem eles que mesmo os mais empedernidos acadêmicos têm ouvidos para ouvir, olhos para olhar e ainda alguma memória para lembrar.

O mal-estar desses dias trouxe à memória a visita que fiz à Aurora Nacional a convite de bons e agradáveis amigos.

Aurora Nacional era um exemplo de desenvolvimento "equilibrado" com soluções "as mais práticas" para o "problema da pobreza".

Aurora Nacional é uma pequena cidade que nasceu de um condomínio fechado, que se autonomizou em relação ao município que o gerou. O prefeito que concebeu a idéia explanou com simplicidade produtiva sua concepção de desenvolvimento com a qual atraiu investidores interessados em desenvolver Aurora Nacional.

Obteve autorização para levar a efeito a construção de um condomínio de altíssimo padrão, com muitos apartamentos avaliados na faixa de um milhão de reais, e conseguiu destinar ao empreendimento a melhor fatia da praia que, até então, era do município como um todo. O condomínio teria toda a infra-estrutura necessária. Desde bancos a *shopping centers*, desde corpo de bombeiros a escolas etc. A todos convenceu com o seguinte bordão: façamos os ricos gastarem aqui, porque que isso empregará todos os nossos pobres. Dito e feito.

Em pouquíssimo tempo, todos os apartamentos estavam vendidos e o lugar plenamente abandonado. Explico. São apartamentos de veraneio, e rico que é rico tem mais de um. Assim, no momento em que estávamos lá, toda a infra-estrutura funcionava, mas havia não mais que meia dúzia de usuários. Eu, como simplório professor convidado, achei interessante que na banca de jornais de lá pudesse usufruir do *Le Monde* para ler.

O que mais me impressionou foi o dramático ar de submissão estampado nos olhos daquelas muitas camareiras, cozinheiras, ajudantes que por lá trabalhavam. Aliás, o empreendimento foi tão bem-sucedido que empregou quase todo o povoado ao redor.

Única fonte de ganhos para quase todos, perder o emprego ali significava voltar a uma situação de desconforto material ainda mais penosa que a atual. Parcos ganhos, mas seguros. Além do mais, muitas mulheres conseguiram empregar também seus maridos como jardineiros, porteiros etc. Estes, então, se dirigiam às crianças com o temor de quem pode a qualquer momento perder seu castelo de areia.

Recordo-me de um homem dirigindo-se a minha filha, então com 6 anos de idade, chamando-a de "senhora", sem fitá-la e perguntando se poderia ajudá-la. Quando lhe disse que ela devia a ele aquele tratamento respeitoso que estava recebendo, em face da diferença de idade entre ambos, e não o contrário, como estava se dando, ele prontamente acedeu: sim senhor.

Tal como as fabulosas estruturas de turismo que temos em alguns lugares, o ensejo de dar oportunidade a alguns para que gastem suas fortunas conta com uma "necessária" subserviência das pessoas "de segunda", "de terceira" sem a qual, estou convencido, tais estruturas sequer existiriam.

Lembro-me de um grande amigo português brincando um pouco com a dramaticidade dos "lugares rústicos" tomados por essas estratégias de desenvolvimento ou de engajamento nas demandas de incremento ao turismo. Dizia ele:

> Imagine uma situação primeira na qual um bando de famintos estão diante de um apetitoso exemplar do esmerado prato (escolha o sabor e o conteúdo).
>
> Não passa pelo horizonte de intenções dessa gente ter acesso àquela comida. Sentem que não lhes cabe ou que não lhes diz respeito.
>
> Então, alguém decide melhorar a vida daquelas pessoas e, para tanto, labora para que os mais abastados sintam-se atraídos pelo lugar e possam ali, diante dos mesmos olhos desejosos, desfrutar das delícias que todos olharam, mas que chegou para usufruir porque pode e porque quer. A cada um dos que anteriormente sonhava com aquela iguaria resta, então, o sonho de servir o degustador e de oferecer sua amabilidade e sua gentileza em troca da "estabilidade" inerente ao estar servindo sempre."

Calou fundo.

Milosevic do Sul não tem uma praia para ser privatizada, mas penso que muitos de seus habitantes olhariam com admiração a estratégia adotada pelas autoridades de Aurora Nacional para fazer com que, ao mesmo tempo, chegasse o desenvolvimento, e a cidade deixasse de ter pessoas "de segunda" ou "de terceira". Talvez uma idéia semelhante se apresente em breve, mas então esta introdução já estará diante do editor para seguir seu rumo. Melhor, portanto, seguir trabalhando e apresentar o livro, ainda que com o gosto amargo dos últimos dias.

O livro que se apresenta aqui, como foi mencionado ao início, discute de várias formas o convívio da educação com o tema do arcaísmo. Sendo a escola um lugar por excelência da passagem do não-moderno para o moderno, do rústico para o polido, da ignorância para a luz, procurei observar as reações de muitos pensadores sociais e educadores diante da infância e da juventude, originadas em situações nas quais pobreza e rusticidade se confundiam.

Este é um livro que convida o leitor a visitar, por um pouco, as lidas educacionais para que possamos recuperar momentos nos quais os testes de inteligência, o estudo antropométrico, a classificação e a verificação da maturidade compuseram um léxico considerado "adequado" às funções da escola com vistas a fazer dessa instituição central na personalidade do Ocidente um lugar de morte da assim chamada cultura popular.

Propositalmente, o primeiro capítulo recupera alguns momentos nos quais o analfabeto foi tratado com generosidade, não com desdém. O segundo relembra alguns "usos e abusos" da pesquisa antropológica e antropométrica em relação às crianças na primeira metade do século XX. Sobre muitas crianças, especialmente as mais pobres, a antropometria foi usada com o objetivo de defender instituições capazes de transformar "delinqüentes em cidadãos úteis".

O terceiro capítulo faz um movimento inverso, relembrando alguns autores e algumas iniciativas pelas quais a pesquisa antropológica foi usada "a favor" do jovem rústico, como instrumento "delicado" de aproximação.

O quarto capítulo já apareceu numa versão praticamente idêntica na coletânea que organizei com Moysés Kuhlmann Jr. intitulada *Os intelectuais na história da infância*. A republicação deve-se ao fato de que seus fundamentos argumentativos oferecem uma "liga" aos estudos aqui reunidos. Trata-se de um texto que demonstra o intelectual primeiramente encantado com a possibilidade de "medir inteligências" e, depois, demonstra o mesmo intelectual desconfiado dos efeitos dessa veleidade.

O quinto capítulo foi apresentado como conferência no II Congresso Brasileiro de História da Educação, em novembro de 2002, na cidade de Natal e é, de certa forma, uma continuação do capítulo anterior estabelecendo uma comparação entre Manoel Bomfim e Anísio Teixeira diante dos desafios que a chamada "cultura arcaica" ofereceu a ambos.

O último capítulo fala de "homens rústicos" no âmbito das discussões sobre sociedade civil no Brasil. Foi apresentado, também, como conferência no V Congresso Luso-Brasileiro de História da Educação, na cidade de Évora, em Portugal, em abril de 2004.

É importante registrar que a maioria dos escritos aqui dispostos resultou de um conjunto de leituras e de pesquisas realizadas no âmbito do projeto "Cuidar da infância: secularização e republicanismo na construção da nova criança. Um estudo sobre as considerações intelectuais sobre as instituições adequadas para a infância em Portugal e no Brasil", financiando pelo CNPq como bolsa de produtividade em pesquisa. Registro aqui meu agradecimento à Agência e meu reconhecimento de que, sem seu auxílio, não teria sido possível estar onde estive, falar com quem falei e ler o que li.

Os capítulos demonstrarão ao leitor que, ao termo e ao cabo, Milosevic do Sul e Aurora Nacional são duas faces da mesma moeda. São dois exemplares do quanto a discursividade própria (Foucault) do desenvolvimento instaurou e instaura a realidade que, aparentemente, quis e quer somente descrever. Ambas as cidades não aparecem uma vez sequer nas páginas a seguir, mas estão o tempo todo ocultas como lugares-espelho. Vejo alguns de seus habitantes nas páginas de Euclides da Cunha que comparecem a este trabalho. E vejo algo de sertão na face de quem passa por minha janela, enquanto escrevo este trabalho.

Tanto em uma cidade como em outra, cada qual com seu "sertão interno", o pobre é objeto de considerações sobre sua forma, sua feição e seus gestos, com as quais o imperativo da adaptação e da "higienização" indicam o que é necessário fazer para que se tenha um lugar "preparado" às demandas de um mundo global.

A história da antropologia tem muito a oferecer aos pesquisadores em educação. Trata-se de uma aproximação que merece contar com o apoio e a atenção de muitos educadores. Não é pouco ter por objeto de interesse a diversidade e a alteridade em uma conjuntura cujo maior blefe é o da homogeneização como benefício para todos.

Por fim, nos últimos dois anos, esses modestos estudos têm oferecido a mim a oportunidade de estar em alguns lugares e de falar com algumas pessoas diante das quais expresso minha fraterna gratidão. Em Portugal tenho a agradecer a Rogério Fernandes, a António Gomes Ferreira, a Joaquim Pintassilgo, a Margarida Felgueiras pela generosidade e cortesia com a qual me receberam e, principalmente, a Jorge Ramos do Ó pelo inigualável gesto de enviar-me precioso material de consulta.

Nos Estados Unidos, devo gratidão a Lesley Bartlett, pela cordialidade produtiva com a qual me recebeu e também pelo material que me cedeu, e a Arturo Escobar, ao qual rendo homenagem pelo tanto que seus escritos sobre o desenvolvimento acrescentaram de originalidade a um território já densamente povoado.

Carlota Boto emprestou-me livros portugueses e demonstrou uma generosidade ímpar. Mariano Narodowski trocou comigo *e-mails* no mínimo surrealistas, mas o tema da *cumbia villera*, em Buenos Aires, nos fez repartir sentimentos em comum sobre a atual forma da pobreza em nossas metrópoles.

Tanto em Milosevic do Sul quanto em Aurora Nacional, as crianças rústicas, os jovens arcaicos e os homens primitivos aguardam que paguemos as promessas que fizemos quando dissemos a cada um que a escola e o trabalho os conduziria ao vale onde jorra o leite e mel.

Quero terminar agradecendo a dois frades franciscanos, Orlando Bernardi e Hermógenes Harada, pelo tanto que me impressionaram com o trato delicado e fraterno que dedicaram a "sua iminência, a pobreza". As alegrias e descontentamentos que vivemos juntos marcaram definitivamente minha vida.

Agradeço também a Alberto Moreira, presença constante, sábio/simples, irmão de fé.

Aos frades Vitório Mazzuco e Gilberto Garcia agradeço pelo tempo de partilha que, em meu entender, ainda não terminou.

1
A antropologia portuguesa e a cultura mental do analfabeto

1. Quando Edward Said publicou *Orientalism,* a análise inovadora que propôs enriqueceu, com uma série de perspectivas originais, os estudos sobre a "alteridade". O autor demonstrou como o "orientalismo" converteu-se num "lugar discursivo", dentro do qual o Ocidente recriou sua autoridade sobre o Oriente. Isso se deu, segundo o autor, até dentro dos conteúdos relacionados à produção cultural e à crítica acadêmica, chegando a incidir sobre disciplinas como a literatura e a estética, por exemplo, e se espalhando de modo a consolidar um "discurso" sobre "aquele outro", o oriental.

Said potencializou a noção foucaultiana de discurso exposta na *Arqueologia do saber* e, com tintas próprias, indicou um aspecto dramático no conjunto das relações políticas e culturais entre Oriente e Ocidente: "o Oriente é uma parte integrada da civilização material e cultural européia" (Said, 1991, p. 2). Não obstante essa situação de continuidade e de integração, o Oriente e o oriental, especialmente após o século XVIII, não mais deixaram de ser representados como "o outro rude", oposto estrutural do "outro cosmopolita".

O "primitivismo" do homem flagrado nas lentes do observador ocidental foi indicado como amostra da diferença entre o cosmopolitismo de quem olhava e o suposto vazio de conteúdos culturais por parte daquele que era observado.

A senda aberta por Said foi reutilizada por Arturo Escobar, que descreveu magnificamente a "invenção" do homem subdesenvolvido como expressão discursiva da ação de um novo tipo de profissional que emergiu após a Segunda Guerra, o economista a serviço de agências internacionais, governamentais ou não.

Tal qual o orientalismo, o "desenvolvimentalismo" tornou-se representação de uma "receita" aplicável a qualquer lugar e em qualquer circunstância, especialmente no assim chamado Terceiro Mundo, quando essa terminologia apresentava-se para distinguir um "lugar entre" o mundo capitalista e o mundo socialista (Escobar, 1995).

A invenção do Terceiro Mundo trouxe, em seu bojo, a invenção de uma personagem: a pessoa rústica e subdesenvolvida que precisava ser retirada da própria precariedade mediante a aplicação de técnicas que traziam a garantia da prosperidade após a resolução de problemas básicos, estes considerados entraves ao desenvolvimento econômico.

Na América Latina, especialmente no Brasil, essas pessoas rústicas deixavam de ser personagens das narrativas épicas, como a de Euclides da Cunha em *Os sertões*, e se tornavam personagens invisíveis de documentos estratégicos que indicavam políticas de intervenção junto às "populações-alvo", com vistas a superar "atrasos" no âmbito da economia.

Escobar, com rara felicidade, demonstra compreender a "economia como cultura", lugar de produção de representações da ausência: o analfabetismo que impede o enriquecimento; a desnutrição que inibe a presença de uma juventude saudável às portas das fábricas; a obsolescência do instrumento "ultrapassado" a amarrar a dinâmica da economia e assim por diante (Escobar, 1995, p. 58). Os portadores dessas ausências tornaram-se rubricas orçamentárias dos planos estratégicos de intervenção nos domínios da pobreza.

O antropólogo demonstra como o *expert* da economia se dirige especialmente à América Latina para dizer que o que falta no outro é tudo o que nele supostamente é abundante. Com pesar, o autor não se furta a dizer que "o reino da abundância prometido pelos teóricos e políticos na década de 1950, o discurso e as estratégias para o desenvolvimento produziram seu oposto: um massivo subdesenvolvimento e empobrecimento e também uma incalculável exploração e opressão" (Escobar, 1995, p. 4).

Tanto quando são produzidas como quando são apropriadas e usadas, as representações do rústico e da rusticidade tornam-se armas poderosas em decorrência dos vínculos que adquirem com as estratégias de dominação econômica. Para demonstrar outras ocorrências disso que Escobar chama de invenção do subdesenvolvido também poderíamos chamar ao debate V. Mudimbe com seu *The invention of África* ou Homi Bhabha e suas considerações sobre o "outro, a diferença e a discriminação". Encontraríamos em tais autores outros exemplos da constante diluição da alteridade no caldeirão fervente da "cultura de quem olha" (cf. Bhabha 1990 e 2001; Mudimbe 1988). Aliás, vale lembrar que Bourdieu muitas vezes se bateu contra a "morte da alteridade" e indicou que essa tentativa de suprimir "o outro" se revela expressão axiomática da racionalidade econômica contemporânea (cf. Bourdieu, 1999).

Para pensar a diversidade humana, poderíamos chamar também Tzvetan Todorov (1989 e 1991) ou Carlo Ginzburg (2001), mas de antemão é necessário renunciar a esse inventário que mal se anuncia, porque sua realização plena depende, necessariamente, do chamamento de muitos antropólogos que cruzaram o século XX enriquecendo os debates nacionais e internacionais com o tema da alteridade.[1] Não hesitaria também em convidar inúmeros investigadores que, nos dias que seguem, estão empenhados em elucidar questões culturais e desigualdades sociais relacionadas às questões de gênero, filiação religiosa e discriminação racial, isso em múltiplos campos de conhecimento e pesquisa. Fica para outra ocasião.

O que se constata é que itinerários intelectuais diferenciados, muitas vezes incompatíveis entre si, se ofereceram como portas de entrada para as representações do rústico e da rusticidade. Nessa circulação de imagens, a alteridade, pensando novamente no Bourdieu mencionado acima, quase sempre foi esmagada na tentativa de arquitetar, proclamar e defender um mundo "permanentemente sem outrem" (Bourdieu, 1999).

Para os fins da análise que se propõe, o que é importante salientar é que as representações da rusticidade e do homem rústico fazem parte de

---

1. Sobre a questão da alteridade na antropologia brasileira, consultar Peirano, 1999.

um amplo repertório de opiniões pelo qual se processa uma contínua desqualificação da experiência acumulada pelas pessoas dos lugares considerados "não-desenvolvidos".[2] Para pensar um pouco com Foucault (1972, 1973 e 1975) e, mais uma vez, com Escobar (2003), é necessário dizer que os múltiplos usos da precariedade material e da rusticidade na construção da imagem "do outro" demonstra que as representações não são reflexos de uma estrutura material, mas sim constituidoras da realidade que se quer denunciar.

Muitas vezes, a obra literária ou o documento que organiza a ação institucional de uma agência internacional, por exemplo, constroem a imagem da rusticidade antes mesmo do contato com o ser humano considerado rústico, atrasado ou subdesenvolvido. Esse descuido sequer é levado em consideração, à medida que desqualificar a experiência de outrem é condição prévia para criar um campo de autoridade sobre a pessoa, descrita como não-pessoa e sobre seu lugar, descrito como não-lugar.[3]

Em outras ocasiões, já tive a oportunidade de analisar o convívio do pensamento sistematizado, filosófico ou acadêmico com a polissêmica expressão cultura popular (cf. Freitas, 1998 e 2001). Percebi, todavia, que não havia ainda procurado autores em cujo pensamento social se expressasse, ao mesmo tempo, a defesa da escolarização e o cuidado com a preservação da experiência acumulada por aquele que, uma vez trazido para a escola, estaria operando um ritual de troca, deixando para trás seu arcaísmo. Percebi o óbvio, ou seja, constatei em meus escritos o predomínio do diálogo com os pensamentos educacionais que apostaram, como só poderia ser, no caráter redentor da escola, nunca no contrário.

À margem dessas questões, conservei a atenção ao fato de que o pensamento educacional brasileiro, fartamente analisado em razão das apostas que fez nos benefícios da modernidade, poderia também ser abordado, tomando por critério recuperar as caricaturas que produziu sobre a cultura popular, sobre a rusticidade do homem simples e sobre as insuficiências da experiência acumulada para fora das instituições capazes de reformatar o ser humano, como a escola, por exemplo.

---

2. Para uma crítica do desperdício da experiência na cultura ocidental, conferir Sousa Santos, 2000.

3. Poderia dizer, seguindo Junqueira (2000), um lugar descrito como *wilderness*.

Disposto, então, a fazer para mim mesmo um novo registro, procurei alguns clássicos e constatei que boa parte do pensamento social brasileiro envolvido com o tema educação reproduziu, de alguma forma, a noção de que nós, brasileiros, carregamos um "arcaísmo ancestral" advindo de nossas origens, portanto de um Portugal primevo que carregamos como componente atávico de nossas resistências "naturais" (!) ao desenvolvimento econômico e cultural.

Por isso, em meio a um cenário constantemente desfavorável ao homem "não-cosmopolita", como foi aquele oferecido pelo século XX, considero importante retomar alguns autores e alguns episódios nos quais a polissêmica expressão "cultura popular" foi evocada, na contra-mão, com generosidade e não com desdém ou empenho argumentativo direcionado a expor a nudez intelectual do outro. Mas para dissolver um pouco o desconforto que senti diante das seguidas referências a nossa "ancestralidade" rústica, vou me restringir a comentar alguns argumentos produzidos por alguns intelectuais portugueses e brasileiros.

Para levar a efeito esse intento, me proponho a recuperar, ainda que fragmentariamente, algumas imagens do alfabetismo e do analfabetismo pintadas por autores que se dispuseram a elucidar aquilo que chamavam de "decadência" de seus lugares. Fizeram isso, como se verá a seguir, ora porque creditavam à cultura popular a condição de "estuário" em que todas as heterogeneidades encontravam-se, ora porque reagiram àquilo que chamavam de "fetiche do alfabeto" e, com isso, cuidavam de elogiar aspectos singulares das culturas orais.

2. Um Portugal imaginário emergiu das páginas de Anísio Teixeira, quando este expôs sua concepção de história e dela deduziu um diagnóstico para as questões educacionais no Brasil aparentemente influenciado pela leitura do livro *Bandeirantes e pioneiros,* de Vianna Moog (cf. Teixeira, [1962]1999, p. 319 e Vianna Moog, 1959).[4]

---

4. Essa influência de Vianna Moog não deve ser entendida como uma denúncia de pouca criatividade. Em alguns aspectos, a recuperação que Anísio fez da experiência de colonização pela qual o Brasil passou manteve pontos de contato com as interpretações de Sérgio Buarque de Holanda e até de Florestan Fernandes.

O Portugal de Teixeira foi representado como parte de uma Península Ibérica que se retirou da história e, diante da emergência da modernidade que a Reforma Protestante anunciava, optou pelo obscurantismo medieval, interditando a chegada das luzes que deveriam entrar pelas mãos da escola, da indústria e da democracia (Teixeira, [1962]1999, p. 320-324).

Essa renúncia às luzes fora conseqüência da força da Contra-Reforma, o que repercutiu nos empreendimentos coloniais portugueses, todos eles dedicados permanentemente à restauração de um mundo que, em seu entender, já havia morrido. A transplantação de modelos escolares da Europa para a América era um exemplo utilizado pelo autor para demonstrar o caráter restaurador do empreendimento colonial transferido ao "homem daqui", um homem de raízes arcaicas, mediante a disseminação de um espírito não moderno, ambíguo e imitativo (ibidem, pp. 330-338).

A difusão da escola pública, especialmente da escola primária, era indicada como antídoto àquela situação primordial. Propagá-la significava agir de modo a provocar a aceleração do tempo, desgrudando-o de sua estagnação pré ou antimoderna e acelerando-o rumo a um patamar histórico menos permeável às demandas da obscuridade.

A criança, o jovem e o adulto não-escolarizados eram vistos como parte de uma mentalidade a ser ultrapassada ou a ser reorganizada nos bancos escolares. Isso só seria factível se o país superasse as próprias raízes. A experiência colonial tornara o Brasil uma espécie de "sertão do mundo". Um país que era, na verdade, um lugar agreste a exibir uma alteridade desconcertante: ali se plantou e vicejou um tipo humano portador de arcaísmos e rusticidades.

Se a leitura histórica anisiana recriava a imagem de um Brasil atavicamente reprodutor de arcaísmos, o Portugal que remanescia dessa análise era, por sua vez, um lugar monoliticamente fechado dentro de uma suposta incompatibilidade com o mundo moderno.

O Portugal de Anísio ressurge sem suas inquietações próprias e, principalmente, sem suas fortes expressões de opinião que se bateram contra aquilo que chamavam de decadência ou a favor daquilo que chamavam de secularização e republicanização da sociedade portuguesa (cf. Catroga, 1991 e 1999; Neto, 1998; Pires, 1992). Ressurge, portanto, um Portugal sem fraturas, simplesmente o fiel depositário do espólio da Contra-Reforma.

A chamada "geração de 1870" de Portugal poderia ter sido evocada para se pensar um lugar menos homogêneo como o que comparecia às páginas anisianas, porque afinal de contas a superação dos "males do passado" interessava a ambos os lados.

Tal geração intelectual, dentro da qual podemos encontrar nomes como os de Ramalho Ortigão, António Augusto Aguiar, João Penha, Rangel de Lima, Sena Freitas, Manuel de Arriaga, Alberto Sampaio, Alexandre da Conceição, Antero de Quental, Teófilo Braga, Álvaro Carvalhal, Joaquim Pedro de Oliveira Martins, José Maria Eça de Queiroz, Adolfo Coelho, Maria Amália de Carvalho, António Ennes, Gomes Leal, Teixeira de Queirós, Alberto Pimentel entre muitos outros que poderiam ser arrolados, fomentou pensamentos sociais que interferiram num momento histórico, no qual variados aspectos da tradição portuguesa foram radicalmente colocados em questão com a circulação de um léxico político que oscilou entre um republicanismo liberal e um socialismo cooperativista (cf. Pires, 1992, p. 44-5, e Serrão, 1982).

Poder-se-ia, igualmente, evocar as Conferências do Casino, realizadas na cidade do Porto, em 1871, sob a cura de Adolfo Coelho, Eça de Queiroz e Antero de Quental dentre outros, em que o primeiro proclamara que "a península voltaria a ser cristã quando deixasse de ser católica" (Coelho citado em Pires 1992, p. 74).

Lamento de igual teor ressurge na *Prosa política* de Antero de Quental, quando este indaga e responde a si mesmo:

> E a nós, espanhóis e portugueses, como foi que o catolicismo nos anulou? [...] Com o jesuitismo desaparece o sentimento cristão, para dar lugar aos sofismas deploráveis a que jamais desceu a consciência religiosa: métodos de ensino, ao mesmo tempo brutais e requintados, esterilizam as inteligências, dirigindo-se à memória, com o fim de matarem o pensamento inventivo e alcançam alhear o espírito peninsular do grande movimento da ciência moderna, essencialmente livre e criadora (Quental [1871b] 1982, p. 279-80).

Ou quando Quental indica seu entusiasmo com a filantropia que se manifestava como generosa renovação dos sentimentos populares em relação aos indivíduos pobres e rústicos da nação:

Alguns dizem que a filantropia é a secularização da Caridade. Eu cuido que não. A caridade, sentimento das cousas metafísicas e, por conseqüência, das cousas religiosas, nunca será secularizada — da mesma forma que nunca haverá religião secular, nem uma metafísica nos limites do senso comum e prático [...]. A filantropia essa é do mundo: é prática e secular (Quental [1871c] 1982, p. 439).

Poderíamos seguir com uma longa demonstração de argumentos que circularam entre os muitos intelectuais portugueses que empreenderam a crítica às tradições e às instituições políticas portuguesas, especialmente aquelas identificadas com os programas de ação da Igreja Católica. Contudo, como foi anunciado, o que se quer desenhar é um cenário, ainda que modesto, de apreciações mais "desarmadas" em relação ao analfabetismo. Não se quer indicar aqui um rol de defensores da ausência de valor social na posse do alfabeto. Ao contrário, o que se afirma é que, em algumas circunstâncias, a crítica às tradições e à militância, em prol da "reforma de costumes", contou com pronunciamentos que surpreenderam pela generosidade com a qual o analfabeto foi chamado a comparecer às linhas e entrelinhas que estavam sendo escritas. Tais chamamentos solicitaram a presença do analfabeto como representante de um conjunto de experiências consideradas ricas no que toca às "elaborações mentais" que trazia, estas reconhecidas como expressão de uma erudição própria e, desafiadoramente, "sem letras".[5]

No Brasil, um exemplo dessa generosidade pode ser reconhecido na forma como os homens "rudes" encontrados por Holanda foram tratados quando este recompôs caminhos e fronteiras do século XVIII, aqueles trilhados na "vocação para o caminho" do homem adventício e estas alargadas com a troca de técnicas. As técnicas "dispersas" no trabalho comum, do homem comum, foram pensadas pelo autor como "lugar de convívio" entre diferentes; diferença que, por sua vez, fora capaz de forjar uma rica "cultura material" no encontro entre portugueses e brasileiros em primeiro plano e, depois, entre o homem letrado e o sertanejo (Holanda, 1994, p. 10-2).

---

5. A presença de erudição em um mundo sem letras pode ser conferida no livro *Monções*, de Sérgio Buarque de Holanda (1994), especialmente nas páginas 20 e 21.

Sua constatação e seu reconhecimento em relação à habilidade demonstrada por alguns no que toca à "leitura da natureza" são eloqüentes:

> Essa espécie de rústico alfabeto, unicamente acessível a indivíduos educados na existência andeja do sertanista, requer qualidades pessoais que dificilmente se improvisam. [A cultura local] não representa uma herança desprezível e que deva ser dissipada ou oculta, não é um traço negativo e que cumpre superar; constitui, ao contrário, elemento fecundo e positivo, capaz de estabelecer poderosos vínculos entre invasor e a nova terra (Holanda, 1994, p. 20-1).

Vale lembrar, mais uma vez, que Holanda, em seu *Raízes do Brasil,* teceu uma imagem de Portugal semelhante àquela construída por Teixeira. O Portugal de *Raízes* precisaria ser superado no processo de construção de uma sociedade "nova" (Holanda, 1986). Mas tais raízes, portadoras de tradições "antimodernas", foram objeto de uma espécie de "releitura", quando o historiador deparou-se com o homem concreto que, na experiência concreta de ocupação e de alargamento de fronteiras, misturou-se a uma "cultura elaborada" que se fez no cenário rude construído no processo de "adaptação".

O Portugal de Buarque de Holanda não foi "inocentado" de seus vícios antimodernos, mas o indivíduo resultante da experiência de colonização passou a ser, cada vez mais, conhecido de perto.

Por isso, em relação ao que se dizia do homem sertanejo por ocasião da primeira edição de seu estudo (1957), seu diagnóstico era de uma delicadeza ímpar:

> (Para viver em contato com a natureza)...é indispensável a existência de uma verdadeira elaboração mental, de um poder de abstração, que não se concilia facilmente com certas generalizações ainda correntes acerca da mentalidade primitiva (Holanda [1957], 1994, p. 24).

Esses exemplos ajudam a não perder Portugal de vista, porque entre os portugueses também se manifestou especial atenção em relação ao "homem da terra".

Antero de Quental demonstrou, em mais de uma ocasião, sua preocupação para com a rusticidade do homem português, mas o fez sem demonstrar aversão ao "outro". Seu ponto de discórdia, com o passar dos anos, direcionou-se à "tradição católica", de onde se originava, em seu entender, a decadência dos povos peninsulares.

Sua disponibilidade intelectual para "desculpar" o país de seus excessos de tradicionalismos decresceu sensivelmente, à medida que produziu suas "prosas políticas". Por isso, com um de seus projetos políticos, as "bibliotecas rurais", propôs distanciar aquele homem rústico do arcaísmo geral que acometia o país, mas não de si mesmo. Tomando de empréstimo a idéia lançada pelo francês Cormenin, indicou que:

> [...] o rústico, por ser rústico, nem por isso devia ficar privado desse pão de espírito que é a leitura (Quental [1871a] 1982, p. 120).

Esse homem rústico focado por Quental não era, evidentemente, analfabeto. Era, sim, um homem de escassa leitura e domínio rudimentar do alfabeto. É o sentimento de insatisfação em relação ao próprio passado que torna esse interesse pela rusticidade um fato notável na história intelectual de ambos os países.

No caso dos autores portugueses que fragmentariamente comparecem a este ensaio, Quental, e logo mais Adolfo Coelho e António Sérgio, o que chama atenção é justamente essa disponibilidade em encontrar argumentos generosos em relação ao analfabetismo ou ao "semi-analfabetismo", quando queriam, ao mesmo tempo, destruir de modo enfático as tradições e defender uma nova escola.

A bandeira da superação do analfabetismo, muitas vezes, criou o lugar político de intervenção de vários intelectuais brasileiros e portugueses. Tanto no Brasil quanto em Portugal, ter sido republicano e, ao mesmo tempo, ter preservado um tom sereno em direção à rusticidade é um fato a ser notado, pois se trata de uma contradição, quando se pensa no teor das principais teses republicanas.

Em ambos os lugares, desde meados do século XIX até boa parte do século XX, a defesa da República, enquanto projeto a ser construído, ou a defesa do aperfeiçoamento das instituições republicanas como desdobramento do projeto já vencedor, favoreceu a disseminação de estratégias de ação política voltadas para o "extermínio" da rusticidade, constantemente evocada como resíduo do passado que se buscava superar com novas instituições. É desnecessário lembrar que a escola primária e, dentro dela, a criança na forma de aluno, foram proclamadas como locais destinados a receber o cortejo fúnebre da assim chamada cultura popular (cf. Carvalho, 2003; Catroga, 1991).

O som do sinete da escola foi ouvido nos dois lugares como se fosse o "dobre de finados" dos saberes da rua. O papel da escola, não poucas vezes, foi evocado com a retórica da ciência. A evocação da ciência constantemente pareceu ser a apresentação da farmacopéia com a qual se projetava na instituição o poder de atuar como antídoto aos nossos "males de origem", como dizia Manoel Bomfim (cf. Bomfim, 1993).

Por isso, para fazer um desvio em relação a esses itinerários intelectuais fortemente marcados pela desconfiança em relação aos saberes iletrados, começo pela evocação do nome de Francisco Adolfo Coelho. Convido-o a pronunciar-se, em nome desses saberes que são os da rua, os do campo e que se perpetuaram sem as letras como suporte. Começamos também a apagar a imagem do Portugal monolítico evocado por Teixeira.

3. Rememorar a obra etnográfica de Francisco Adolfo Coelho (1847-1919) é um exercício que renova a percepção das dificuldades que se apresentam aos que consideram a antropologia uma ciência fundamental para estudar a escola.

Tornar a escola um campo de investigação antropológica tem sido um empreendimento acompanhado de dificuldades de toda espécie. Não é este o lugar apropriado para apresentar um inventário dos obstáculos que têm se apresentado ao estudioso da antropologia quando nos domínios escolares, mas se quisermos apenas indicar alguns, os de maior visibilidade, ao menos, poderíamos comentar rapidamente dois deles.

Primeiramente, é forçoso reconhecer que a escola oferece um campo privilegiado ao estudo dos processos de homogeneização cultural e intelectual, não um campo de verificação da conservação de diversidades e alteridades de qualquer espécie. Em segundo lugar, a padronização gramatical que a escola, pelo menos aparentemente, leva a efeito nos processos de alfabetização, de contínuo torna os elementos do "maravilhoso popular", parafraseando Adolfo Coelho, conteúdos de tradições culturais que, diante da cultura escolar (cf. Boto, 2000 e 2001), se tornam expressões do que a sociedade teria de mais residual, de mais parecido com os arcaísmos que sobraram de um tempo em que a rusticidade predominava sobre a modernidade e seus corolários.

Tais resíduos, muitas vezes, animam brincadeiras típicas do recreio escolar, como as "parlendas" e os "trava-línguas" (cf. Fernandes, 2004). Mas tais brincadeiras são exemplos de um palavrório popular que circula na escola no âmbito de suas situações de informalidade. Uma vez inventariadas, tais expressões são rapidamente classificadas como manifestações de folclore, e o folclore, quando muito, reaparece nos conteúdos de disciplinas e de atividades programadas para exibir uma face da sociedade que dispõe de "algum atrativo cultural", ainda que nos domínios da oralidade. São "belos resíduos" que se prestam à contemplação do que fomos e do que conservamos.

Essas manifestações de cultura popular ou de folclore muitas vezes são acomodadas no universo escolar como fragmentos daquilo que herdamos de uma "rusticidade que tínhamos" e que julgamos superada e permanentemente combatida na própria razão de ser da escola. São exemplos de temas que despertam interesse antropológico e que demandam investimento analítico mais detido e elaborado.

O tema da diversidade cultural, mais visível nos dias que correm, em inúmeras ocasiões desponta e se instala quando se mostra expressão de candentes problemas sociais. Em outras palavras, o tema da diversidade cultural ganha mais atenção quando imediatamente se associa aos problemas das discriminações raciais, religiosas, sociais etc. A diversidade *per se* é, no mais das vezes, um tema cada vez mais proclamado, mas pouco instalado, de fato, nas práticas de organização dos trabalhos escolares.

Em Portugal, as possibilidades de enriquecimento dos programas escolares oferecidas pela investigação dos contos populares foram fartamente indicadas por Coelho. O conto popular foi indicado como exemplo de complexidade. Enquanto manifestação de cultura oral, o conto agregava, paradoxalmente, as marcas da diversidade cultural que o criara e as marcas da facilidade com a qual era incorporado a outras tradições. Assim observou Coelho:

> O conto que nos contaram duas mulheres do povo do Minho e Douro tem, pois correspondentes mais ou menos próximos em quase todos, para não

dizer em todos os povos da Europa até aos confins da Ásia e Europa na região caucásica, e talvez, se fôssemos mais longe, os encontrássemos ainda. [...] Povos profundamente distintos por caracteres antropológicos e étnicos, pela raça, pela língua, pela civilização, pela religião, separados por as maiores distâncias geográficas, alguns fechados quase à comunicação com os outros povos, contam às vezes com as palavras e expressões idênticas os mesmos contos. O conto apresenta-se-nos assim como um ponto neutral, como um laço de comunhão entre os povos da terra (Coelho [1879] 1993, p. 99-100).

Para o etnógrafo, aquilo que se transmitia como legado cultural, de geração a geração, entre lavadeiras e camponesas, não era expressão dos limites existenciais de grupos fadados à restrição "própria" das culturas locais, grupos estes de circulação geográfica restrita em decorrência das poucas oportunidades de deslocamento físico por parte daquelas populações. Era, sim, uma recriação oral e uma apropriação das virtualidades universais de uma estética narrativa adaptada ao formato local, empreendida pelos que perpetuavam, no lugar, os conteúdos de cada historieta.

As rimas infantis, cuja riqueza também foi percebida no Brasil por Florestan Fernandes 2004, revelavam para Adolfo Coelho um campo especial de observação da diversidade cultural contida em populações erroneamente consideradas homogêneas (Coelho [1879] 1993, p. 115ss). Essa desconfiança em relação à homogeneidade o levava a pensar que algumas rimas e alguns ditados das tradições populares portuguesas eram expressões de um disfarçado paganismo permitido nos folguedos para que não se manifestasse em lugares inconvenientes (Coelho [1882] 1993, p. 215-60).

Adolfo Coelho encontrou nos escritos de Gabriel Tarde uma argumentação que o convenceu a manter-se investigando a circulação de contos, histórias, ditados, rimas, receitas e fórmulas entre crianças, jovens e as chamadas pessoas do povo. Dos escritos de Tarde, recolheu os seguintes pressupostos:

A repetição do fenômeno é uma lei universal, e os seus tipos principais são a repetição vibratória ou física, a repetição orgânica ou hereditária, a repetição social ou imitação. Mas o que se repete começou por não ser repetição, por surgir como novo, por ser invenção (Coelho [1912] 1993, p. 251).

No que diz respeito à idéia de repetição como recriação, Adolfo Coelho, valeu-se desse princípio heurístico para analisar as variações no uso da enxada em Portugal e em outros locais da Europa, como a França, onde se verificava a presença de famílias instaladas gerações a fio no campo. É interessante notar que a rusticidade dos instrumentos permitiu ao autor realizar um movimento analítico ambíguo. Amparando-se em Ratzel, resvalou o preconceito ao identificar o instrumento tosco com o passado, indicando que a primitividade traz, em si, as justificativas para sua extinção: o homem arcaico, usa o instrumento arcaico e seu labor é uma expressão de arcaísmo.

Mas, na mesma análise, quando abordou a disseminação do arado realizou uma abordagem semelhante àquela que Sérgio Buarque de Holanda faria, anos mais tarde, quando analisou a disseminação do monjolo no Brasil (cf. Coelho [1901], p. 571-619 e Holanda, 1994, p. 190ss e 211ss).

A disseminação do arado foi indicada como evidência de que o ser humano soluciona, em qualquer circunstância, seus problemas mediante o uso da experiência socialmente compartilhada. Quando isso se materializa na construção de um instrumento que passa a ser referência na realização do trabalho, tem-se, então, a técnica como expressão cultural do encontro de experiências.[6]

Convém não separar Adolfo Coelho de seu tempo e torná-lo um personagem infenso às promessas da antropometria, especialmente a francesa, da qual recebia um conjunto de indicações sobre como observar as patologias do povo. A facilidade com que fazia circular nomes como os de Wundt, Binet, Manouvrier, Broca demonstra que a antropologia portuguesa não estava à deriva dos acontecimentos que conferiam celebridade aos laboratórios de antropometria que se consolidavam na França, na Alemanha e depois nos Estados Unidos. Mas o etnólogo português conservou uma reserva de rigor em relação ao homem rústico:

> [...] as condições sociais têm aqui um papel muito mais considerável do que as condições de raça (Coelho [1890] 1993, p. 688).

---

6. Na obra de Sérgio Buarque, semelhante raciocínio deu origem ao fecundo período no qual estudou o tema da cultura material.

Esse cuidado em relação à rusticidade fez de Coelho um intelectual com perfil diferenciado, à medida que seus textos mais relevantes demonstraram a capacidade de operar o difícil "cruzamento entre antropologia e pedagogia" (Leal, 1993, p. 13). O que deve ser prontamente reconhecido como resultado frutuoso desse "cruzamento" é a importância pedagógica que atribuiu às "áreas da tradição" (Leal, 1993, p. 15).

Não se pode olvidar que a obra de Coelho tem, como salientou Rogério Fernandes, elementos de obsessão pela denúncia da decadência e pela busca dos caminhos para a regeneração do país (cf. Fernandes, 1973). Aliás, esse foi um marco da "geração de 1870", da qual foi membro de destaque. Mas a lembrança dessa "obsessão" só faz renovar a certeza de que o tratamento reservado ao homem do povo foi verdadeiramente especial.

Para trazer à pedagogia a riqueza contida nos jogos populares, nas brincadeiras, nas rimas e nos folguedos, propunha dotar a Biblioteca de Educação Nacional de uma seção por ele denominada *pediografia*, destinada ao estudo dos jogos tradicionais e de suas contribuições à formação escolar da criança (Coelho [1882b] 1993, p. 127).

Esse interesse pelo jogo fez o antropólogo voltar sua atenção para as idéias de Froebel, admitindo que sua obra

> [...] foi a primeira a reconhecer que toda a primeira educação devia e podia ter a forma de jogo, a única adequada à natureza infantil; [...] esse princípio era no essencial seguido nos processos tradicionais da educação, perturbado todavia mais ou menos pela influência pedante da escola (Coelho [1882b] 1993, p. 132).

Duas questões merecem destaque. Primeiro, o elogio ao princípio froebeliano do uso do jogo faz-se acompanhar de um procedimento típico do analista português, que consiste em reconhecer que, muitas vezes, a ciência formaliza o que já está em uso "nos processos tradicionais". Segundo, a facilidade com que apoda a influência da escola: "pedante".

O uso do adjetivo quase hostil pode ser compreendido com mais facilidade se se levar em conta que Coelho considerava um desperdício não levar em conta as formas pelas quais as "sociedades infantis" elaboravam as próprias estratégias para transmitir "máximas morais", antes mesmo da aquisição da habilidade de ler e escrever. Ao contrário disso, a escola primava por tentar incutir na cabeça de quem mal havia chegado ao banco escolar uma economia de princípios "insignificantes" para ela.[7]

Diante da inconveniência de algumas estratégias escolares para abordar e formar a criança, Coelho, mais uma vez, pontua que, em alguns aspectos, o "popular" tem respostas mais adequadas aos problemas infantis, se comparadas ao "erudito":

> [...] os contos e rimas infantis parecem ser como o leite materno, que nenhuma preparação, por mais adiantada que esteja a ciência, poderá igualar (Coelho [1883] 1993, p. 161).

Essa atenção às potencialidades construtivas existentes na cultura popular manifestou-se com mais veemência nos estudos que passou a publicar na *Revista Portugália* a partir de 1898, denominados: A pedagogia do povo português.[8]

Em tais estudos, Coelho manifesta-se com uma *démarche* singular. Seu posicionamento político/intelectual é claro:

> O nosso conceito de cultura aproxima-se muito do de Bildung de diversos filósofos e pedagogistas alemães, como M. Lazarus [...] e Otto Willmann (Coelho [1883] 1993, p. 181, nota 1).

Essa simpatia à idéia de cultura como "formação" trouxe a seus textos opiniões, por assim dizer, entusiasmadas com os ensinamentos da chamada psicologia das massas.

Coelho aceitou de Wundt, por exemplo, uma idéia de "gradação" que, em um primeiro momento, assimilou como sua, mas que relativizou mais tarde em outros escritos. Em relação à comparação gradativa comentou:

> [...] quando comparamos momentos distantes ou mesmo extremos de uma escala de variações, devemos admitir que há realmente povo e não povo nas nações civilizadas, como, sem pretender aplicar a palavra culto, cultu-

---

7. Dentre tantos exemplos que o autor recolheu, pode-se reconhecer neste jogo de rimas aquilo que para ele era um despropósito: "Deus ajuda a quem trabalha/Esta regra nunca falha/O trabalho dá saúde/Se anda junto com a virtude/O trabalho dá nobreza/Se repele a avareza".

8. Pelo que se tem notícia, tais estudos não foram concluídos.

ra num sentido absoluto, há povos incultos e povos cultos, ou, se se prefere, atrasados e adiantados. [...] Os homens que mais se aproximam do primitivo são os que melhor denominaremos povo; os mais cultos são os que mais fundadamente consideraremos como constituindo as classes não populares. Entre uns e outros há inúmeros cambiantes (Coelho [1883] 1993, p. 180).

Coelho não se furta a descrever a rusticidade como um espaço em que o primitivo se mantém e resiste aos chamamentos da erudição. Junto ao povo, a espontaneidade prepondera sobre a reflexão em todas as formas de atividade mental, mas considera, entretanto, que o indivíduo culto, por sua vez, pode não ser sábio, bem como o "bom homem" do povo pode "não ser santo" (p. 181).

O autor não romantiza a rusticidade. Lembremos o que foi dito acima: tinha obsessão pela regeneração e pelo combate à decadência. Contudo, mesmo quando chamava a literatura mais atual para respaldar seus estudos sobre a psicologia dos povos o fazia de modo a usar e renegar, simultaneamente, os pressupostos que divulgava. Assim procedeu com Gustave Le Bon. Desse concorrido autor, deu publicidade a suas considerações sobre a mulher:

> Le Bon escreve: notar-se-á que, entre os caracteres especiais das multidões, há muitos tais como a impulsividade, a irritabilidade, a incapacidade de raciocinar, a falta de reto juízo e de espírito crítico, que se observam nos seres que pertencem a formas inferiores de evolução, tais como a mulher, o selvagem e a criança (Coelho [1883b] 1993, p. 188).

Mal faz a citação e imediatamente afirma que "são muito absolutas (as tendências) para as quais Le Bon e outros antropólogos e psicólogos facilmente pendem" e, por isso, declara em tom peremptório que "a característica de Le Bon fica falsa se pretende aplicar-se à totalidade das mulheres" (Coelho [1883b] 1993, p. 188).

Não se pode fazer de Adolfo Coelho um homem na redoma indiferente às motivações que as ciências antropométricas e a psicologia das multidões apresentavam aos estudiosos, como ele, do comportamento do homem do povo. Ou seja, Coelho também compartilhou do interesse pelos diagnósticos que circulavam a respeito das incapacidades "próprias" do homem rústico. Mas, como se verá logo mais, a força de sua argumentação não se encontrava no debate científico que recriava em Portugal e com o qual se tornava mais um dentre os antropólogos europeus.

A força de sua argumentação torna-se visível quando, a cada citação trazida para seus estudos, oferecia um arremate seu, o que nos permitirá, mais tarde, entender como chegou a uma visão dissonante em relação aos preconceitos que, a seu momento, eram "vozes da ciência" que se espalhavam pelo mundo.

Em cada reparo que fez a si mesmo ou à obra de outrem, pode-se observar o grau de dúvidas que acrescentava às próprias convicções:

> [...] a classe dos homens cultos separa-se do povo cada vez mais acentuadamente; e como todos os que não careciam de ganhar a vida pelo trabalho de suas mãos e só esses em geral podiam aspirar à co-participação naquela cultura, as classes chamadas trabalhadoras, por excelência, lavradores, artífices, pescadores, serviçais, etc. vieram a representar em especial o elemento indiferenciado das nações modernas, o povo, [...] o que não exclui o fato de haver indivíduos naquelas classes que excedem pelo desenvolvimento mental outros que pertencem às classes chamadas superiores: Spinosa, para apresentar um exemplo memorável, viveu do trabalho manual. Mas este trabalho, exercido com a continuidade exigida pelas condições em que vivem os indivíduos que por via de regra a ele se dedicam, é na maior parte dos casos um obstáculo à aquisição dos bens espirituais da cultura; muitas vezes até tende ao embrutecimento, à transformação em quase autômato dos que o realizam. [...] Entre nós há um fato que convém estudar: a existência de um povo, por cuja educação os governos que se têm sucedido desde a revolução chamada liberal quase nada fizeram até hoje, e que todavia tem boas qualidades, que contrastam por vezes singularmente com as dos chamados dirigentes (Coelho [1883b] 1993, p. 196-7, v. II).

Adolfo Coelho não se furta a dizer que a rusticidade do povo, solta à própria sorte, é um impeditivo para que as crianças obtenham na escola seus melhores resultados e experimentem uma transformação substantiva em seus modos mais elementares de vida (cf. Coelho [1883b] 1993, p. 218-9). Trata-se de uma face de sua pregação política que continuamente indicará a necessidade de a regeneração superar a tradição. A educação doméstica comportaria os riscos de conduzir à regressão nos costumes, mesmo para o bacharel formado, caso este se submetesse ao regresso para o convívio com os seus. A escola, em toda sua obra, é uma instituição considerada adequada para cuidar das crianças e da juventude em geral.⁹

Mas a partir dos primeiros anos do século XX, o elogio da escola em sua obra se fez acompanhar de outro elogio, mais freqüente e sistematizado, sobre o valor da experiência popular.

Com base em sua rica trajetória de pesquisa etnográfica e de leitura nos campos da antropologia, da psicologia e da filologia, a partir de 1910 Coelho começou a publicar suas conclusões sobre o tema "cultura e analfabetismo", dando origem à coletânea de 1916 que trataria da "cultura mental do analfabetismo".

É interessante notar no ensaio do antropólogo português algumas imagens da pobreza que se assemelham às imagens com as quais Gilberto Freyre apresentaria sua adesão ao argumento de Franz Boas, com o qual passava distinguir raça de cultura no seu livro *Casa-grande & senzala*, na década de 1930, no Brasil.

Coelho apresenta sua personagem, o analfabeto, recolhendo imagens colecionadas junto aos periódicos de então[10]. Exemplos do que encontrou:

> O recruta português chega, em regra, ao regimento num estado mental e moral muito próximo da vida vegetativa. É homem? Antropologicamente é. Tem vida e figura e figura humana. É um cidadão? Absolutamente não é. Não sabe ler: é, portanto, uma criatura desarmada para a concorrência vital. [...] Qual o remédio para esse estado psíquico revelado pelo infeliz recruta? Num outro número do mesmo periódico lê-se: derramar, a plenos jorros, a luz do alfabeto [...] [Isso porque segundo o mesmo periódico[11]] O analfabeto é um animal de forma humana (Coelho [1916] 1993, p. 253).

Rememorando sua convivência com intelectuais que refletiram sobre o analfabetismo, Coelho anotou que, em 1869, se propunha oferecer

---

9. "Cuidar", para ele, corresponde a instruir e zelar pela integridade física e moral.

10. Freyre, por exemplo, recolheu a seguinte imagem sobre os marujos brasileiros retratados no livro de viagens de um norte-americano: "The fearfully mongrel aspect of most of the population [...]." (Freyre 1984, p. 17).

11. Cujo nome o autor não revela.

ao analfabeto proteção jurídica equivalente "à do animal" Coelho [1916] 1993, p. 254).

O consenso que se estabeleceu em relação à "menoridade intelectual" do analfabeto levou-o a criticar a ação da Associação de Escolas Móveis, que difundia a *Cartilha maternal,* de João de Deus, tentando livrar o país daquele "espectro sombrio".

Diante das próprias lembranças, proferiu, com contundência, uma sentença:

> Cometemos o erro de crer que os meios de conhecer se constituem o próprio conhecimento. Isso leva-nos a atribuir o maior valor à leitura e à escrita e a tratar com desprezo os povos que não seguiram a rotina de fixar as suas idéias no papel. Devemos modificar a nossa opinião a respeito, lembrando-nos de que as maravilhas da arquitetura indiana são obras de homens que não sabiam ler nem escrever (Coelho [1916] 1993, p. 255).

Outra anotação que guardou. No Congresso de Antropologia e Arqueologia Pré-Histórica realizado em Lisboa, em 1880, Gabriel de Mortillet saudou os homens "admiravelmente cultivados" que viviam no campo, em Portugal.

A essa lembrança, acrescentou o seguinte comentário:

> A quem era devida essa admirada cultura, como em geral à cultura do nosso país? A sujeitos instruídos nos mistérios do abc, com sabedoria reforçada em escolas agrícolas? Não, por certo, mas sim principalmente aos analfabetos que conhecem também os variados ramos da tecnologia rural e das outras tecnologias. São aqueles na verdade a base principal da nossa vida econômica. O seu saber técnico é atrasado em muitíssimos aspectos, não há dúvida. Não há na Europa transpirenaica, por exemplo, alfaia agrícola tão arcaica como a tradicional nossa; o nosso carro de chiar hispânico remonta na sua forma fundamental [...] à unidade indo-européia e não se encontra mais fora da península. Mas com seu saber tradicional, os nossos agricultores dão muitas vezes sota aos sábios com diplomas agronômicos (Coelho [1916] 1993, p. 259).

Quando o autor indica o conjunto de estudos com o qual se familiarizou para chegar àquelas conclusões, desponta o nome de Franz Boas

(Coelho [1916] 1993, p. 262). Em alguns aspectos, o elogio da habilidade mental do esquimó estudado por Boas é apropriado por Coelho para indicar que:

> [...] muitas pessoas analfabetas, principalmente vendedores, fazem muito regularmente, sem auxílio qualquer externo, as suas contas, assim como conservam de memória os seus créditos e os seus débitos (Coelho [1916] 1993, p. 263).

Surpreendentemente, o autor traz a seu texto a autoridade argumentativa de John Dewey para confirmar com os exemplos apresentados em *The school and society*[12] [Escola e Sociedade] as qualidades intelectuais e morais do indivíduo do povo, analfabeto, mas sofisticado artesão, tecelão, serralheiro e, por isso mesmo, "socialmente inteligente". De Dewey transcreve a seguinte constatação sobrepondo-a à realidade portuguesa:

> Há aqui tão importantes fatores para a formação do caráter [...]. Uma contínua educação para a capacidade de observar, para a agudeza do espírito, para a imaginação criadora, para o pensamento coerente, para a clara inteligência dada por esse contato imediato com a realidade. As forças educativas contidas na ocupação da tecelagem e da fiação, da serração, do moinho, da oficina do serralheiro [...] estavam sempre em atividade (Dewey, 1900, p. VI apud Coelho [1916] 1993, p. 268).

Com o respaldo de argumentos retirados na circulação internacional de alguns autores, justapostos estrategicamente para convencer o leitor, a praticidade do indivíduo rústico, ainda que analfabeto, é elogiada a ponto de indicar uma espécie de ascese virada de ponta cabeça. Coelho indica que as maiores fortunas foram construídas por homens sem letras e sem nenhum cultivo (Coelho [1916] 1993, p. 269).

A imagem do ser humano reduzido à condição de animal indefeso em face de seu analfabetismo se desmancha, à medida que Franz Boas é chamado a respaldar os argumentos do etnólogo português.

Ao mesmo tempo se consolida, em suas análises comparativas, a estratégia de indicar exemplos da permanência de grande imobilidade so-

---

12. O qual Coelho leu em tradução alemã como *Zeitschrift für padagogissche psychologie*.

cial mesmo onde ocorreu a "intensa divulgação da prodigiosa arte de ler e escrever", como na China (Coelho [1916] 1993, p. 274).

Em relação à Alemanha, cita a permanência de comportamentos inapropriados ao cultivo da higiene, especialmente no campo, ainda que o "sistema total de suas escolas" fosse motivo de orgulho nacional (Coelho [1916] 1993, p. 276). E arremata:

> [...] uma grande parte do povo da douta Alemanha, pátria de grandes médicos e higienistas, na sua confiança nos curandeiros, na sua falta de higiene, apesar da instrução escolar e de grande abundância de outros meios de adquirir conhecimentos, emparelha com muita gente portuguesa, analfabeta ou não analfabeta (Coelho [1916] 1993, p. 279).

Adolfo Coelho fechou esse ciclo de estudos afirmando que suas investigações confirmaram que, mesmo em países com amplas realizações econômicas e sociais, a escola popular não fora capaz de diminuir a distância entre o homem do povo e o chamado indivíduo ilustrado. Essa ilustração, na maioria das vezes, não era conseqüência da ausência de escolarização, visto que, mesmo com a difusão da leitura e da escrita, subsistiam hábitos considerados os mais arcaicos, rústicos e, fundamentalmente, não-modernos (Coelho [1916] 1993, p. 297).

Era como se Coelho, indiretamente, retornasse ao tema da regeneração, indicando que cada nação precisaria "conhecer de perto suas vísceras" para tentar "trocar de alma".[13]

Superar o "atraso moral e intelectual", assim, se tornava uma tarefa nacional que extrapolava as possibilidades de ação da escola e da escolarização de crianças e jovens.

Contudo, nos moldes da "geração" em que se inseriu, no todo de sua obra sobrava ainda um papel redentor a ser desempenhado pela escola. Restava intocada a indicação fervorosa de que a regeneração do país deveria contar com o "desgrudamento" das crianças em relação às tradições imobilistas que dominavam a cultura portuguesa.

---

13. "A investigação a que procedi prova que, fundamentalmente, a escola popular alemã, com seus complementos, os meios ricos de propagação de cultura, contribuiu até hoje pouco para modificar o povo [...]." (Coelho [1916] 1993, p. 297).

A última Conferência do Casino foi realizada justamente por Adolfo Coelho, e o tema tratado foi o ensino. Ressalte-se, porém, que a profusão de imagens condescendentes e generosas do analfabeto, no todo, fez a intervenção intelectual de Coelho equilibrar-se na contradição entre as demandas da superação da decadência de um povo e os achados que o antropólogo trouxe à luz em seu último ciclo de intervenções públicas.

Retornando rapidamente à argumentação exposta ao início, a idéia de um Portugal monolítico, repousando sobre o seu arcaísmo, "exportando seu jesuitismo", foi radicalmente rejeitada pela geração de Adolfo Coelho.

O dado singular que sublinho é que a inquietação diante das tradições não foi suficiente para "armar" a parte mais expressiva da etnografia portuguesa contra os saberes do povo que permaneceram respeitados em sua integridade mesmo quando as bandeiras de modernização foram içadas.

A distância, talvez seja possível afirmar que a "grande causa" daquela geração foi a secularização da sociedade. Mesmo nesse aspecto, o cuidado e a delicadeza em considerar o homem em sua circunstância sem convertê-lo em patologia da obscuridade deve ser destacado, mesmo porque, como disse Fernandes:

> [...] [ele demonstrava] uma intransigente exigência de um ensino que proporcionasse à criança o máximo de iniciativa intelectual, moral e física, o máximo de oportunidades de desenvolvimento de sua personalidade, dentro das coordenadas em que decorre sua vida (Fernandes 2002, p. 285).

O que se vê, então, é o intelectual atento às formas peculiares de organização da "erudição do homem rústico" sem incorrer no risco de subtrair da escola suas finalidades de formação. O desafio proposto consistia em imaginar a escola como uma instituição que não se sentisse tão à vontade em dispensar o componente popular da cultura nacional.

A cultura popular, na forma em que se apresentou nos escritos de Adolfo Coelho, gerou um léxico antropológico que seria reaproveitado por outros intelectuais de prestígio, ainda que com finalidades diferentes e em nome de outros encantamentos pedagógicos.

É o caso de António Sérgio, por exemplo. Na cruzada em defesa do *selfgovernment* ou na tentativa de difundir o método do *sloyd* norte-americano para o ensino da juventude, trouxe para dentro de seus argumentos expressões de recusa do "fetiche do alfabeto" (cf. Sérgio 1915, p. 61 e 1939, p. 40).

Quando se dirigiu aos que buscavam os conteúdos adequados às escolas das aldeias indicou como princípio fundamental:

> [...] banir por completo a idéia de que o essencial, em matéria de instrução primária, é o famoso combate ao analfabetismo. O povo precisa muitíssimo mais do que deixar de ser analfabeto. Quem só sabe ler e escrever torna-se às vezes menos útil do que se não tivesse tais sabenças. [...] A leitura e a escrita devem vir como meios e não como fins da instrução primária (Sérgio, 1939, p. 59).

Se pensarmos que o autor estava a desdenhar o futuro do jovem da aldeia destinando ao mesmo as clausuras da preparação para o trabalho, podemos nos enganar. Ainda que mergulhado em seu idealismo, Sérgio pontuava a necessidade de

> [...] preparar para as indústrias, mas não instruir para elas, quer dizer, educar não especializando; ou, na minha terminologia, dando ensino profissional mas não técnico, feito à luz da educação e não da economia (Sérgio, 1939, p. 40).

Homens diferentes agindo e pensando em contextos igualmente diferentes. Reverbera, entretanto, um cuidado atencioso para com o homem, o jovem e a criança rústicos num gesto aparentemente incompatível com o ímpeto de destruir o passado e regenerar mentalidades.

Ainda que o século XX, na maior parte do tempo, viesse a ser sombrio para Portugal, o zelo do antropólogo, etnólogo e filólogo Francisco Adolfo Coelho para com os saberes do povo deixou marcas indeléveis junto a intelectuais de diferentes jaezes e de diferentes projetos políticos para o país. Vale registrar, por fim, que António Sérgio, quando se encontrou com Gilberto Freyre em 1940, por ocasião da reunião dos textos para a publicação da coletânea *O mundo que o português criou*, demonstrava ainda vivo interesse em debater o tema da decadência em Portugal, mostrando-se, de alguma forma, herdeiro da argumentação que ensejou visibilidade tanto a Adolfo Coelho quanto a Antero de Quental.

4. Essa ligeiríssima visitação aos condomínios intelectuais portugueses, especialmente aos estudos etnológicos de Francisco Adolfo Coelho, sugere a necessidade de realizar outro movimento de análise com vistas a observar o "uso diferenciado" que alguns intelectuais fizeram da antropometria, especialmente no âmbito da educação escolar.

Como Fernandes observou, a utilização das "ilações de Binet" por Coelho, para compor um diagnóstico sobre a infância portuguesa chega a ser curiosa, dada a autonomia do antropólogo português em relação ao império dos testes de inteligência que começava a se expandir (cf. Fernandes 2002, p. 282).

Tem-se aqui uma situação paradoxal que demanda um olhar mais amiúde e que contemple outros intelectuais, em outras circunstâncias. Na trajetória de Coelho, trazer para seus domínios os elementos da circulação internacional da antropometria aplicada à educação não o converteu em "agente da métrica".

Verificar a manifestação desse jogo de aproximação e de distanciamento em relação às promessas das ciências da aferição pode revelar, inclusive no Brasil, outros itinerários intelectuais, nos quais o estranhamento em relação ao chamado arcaísmo no lugar de estimular o apagamento da diferença estimulou, ao contrário, um cuidado especial para com a experiência "do outro".

Vale a pena verificar, em outros pensamentos sociais, a reedição daquilo que em Francisco Adolfo Coelho representou, *avant la lettre*, a recusa a um mundo "permanentemente sem outrem".

2
Antropologia e antropometria na educação: usos "contra" a infância e a juventude

1. A família recém-chegada à grande cidade. A família deslocada de locais ermos para o palco da agitação industrial. O imigrante saído de uma realidade cultural presa a valores agrários de longevo tradicionalismo em seu país de origem. O neto de um escravo liberto apenas algumas décadas antes. O migrante atraído pelas promessas de uma vida menos penosa que a do sertão.

A combinação de todas essas possibilidades e situações envolvendo famílias e, às vezes, grandes comunidades destinava à escola da grande cidade, não poucas vezes, um tipo de criança culturalmente muito diferenciada em relação ao padrão predominante. Essa situação gerava uma infância e uma juventude portadoras de valores considerados por muitos como arcaicos. Lidar com as peculiaridades desse "arcaísmo" ou dessa "rusticidade" tornou-se, no Brasil republicano, questão acadêmica para alguns e questão de "segurança social" para outros.

Este capítulo recuperará alguns aspectos históricos e antropológicos relacionados ao trato que os temas arcaísmo e rusticidade suscitaram no bojo de alguns debates relacionados à educação escolar da infância e da juventude. Serão expostos exemplos de quanto a escolarização da infância considerada "arcaica" demandou uma evocação particular das ciências da educação com o objetivo de modernizar os "rituais de passagem" da condição de "rusticidade" para a condição de "urbanidade", especialmente quando a experiência educacional em questão se dirige ao pobre, ao órfão ou ao infrator da lei.

2. Passaremos ainda um tempo grande, vagaroso e ruminante ao redor das páginas de *Os sertões*, ainda que já tenhamos a boa sorte de dispor de um conjunto denso de estudos sobre a obra de Euclides da Cunha, bem como sobre as repercussões do épico e também sobre os estilos presentes na narrativa euclidiana.

Se a multiplicação de análises, com o passar do tempo, demoliu alguns pilares da edificação "científica" de Euclides da Cunha, ainda assim, cada vez mais, o estilo e os componentes da narrativa tornaram-se lugares de achados importantes, necessários à compreensão de uma mentalidade republicana inquieta com seus pavores diante de tantos segmentos sociais carecidos de "ajuste prévio" para entrar no salão recém-aberto da *res publica*. A escola republicana, em inúmeras representações, despontou como a instituição primordial desse ajuste prévio.

Quando os três primeiros batalhões perfilavam-se para atacar o arraial de Canudos, ainda inebriados pelo heroísmo do qual beberam à saída e ainda não fustigados pelas derrotas acachapantes que não tardariam a chegar, o moral das tropas sugeria uma espécie de desobstrução da história para que pudesse realizar-se em plenitude:

> Era preciso um grande exemplo e uma lição. Os rudes impenitentes, os criminosos retardatários que tinham a gravíssima culpa de um apego estúpido às mais antigas tradições, requeriam corretivo enérgico. Era preciso que saíssem afinal da barbaria em que escandalizavam o nosso tempo, e entrassem repentinamente pela civilização adentro, a pranchadas (Cunha [1902] 1996, p. 131).

Em direção ao sertanejo, ao mestiço ou a qualquer estrato social portador de alteridades consideradas impeditivas à consolidação de uma nova economia de costumes, o chamado a participar do *footing* republicano ao redor das instituições urbanas fazia-se acompanhar do esforço didático sinalizado nas entrâncias da Bahia:

O batalhão paulista tem acompanhado brilhantemente os esforços heróicos do exército. A vitória é infalível. A República é imortal! (Cunha [1897] 2000, p. 265).

Diante de uma imortalidade à qual se acede a pranchadas, o século XX, no Brasil, chegaria anunciando o tempo da homogeneidade a ser construída. Uma homogeneidade, entretanto, desde o início frágil, uma vez que as ações concretas dos homens na arena política não cessavam de interceder pela guarda da heterogeneidade e de suas distâncias, especialmente as que pronunciavam diferenças entre "civilizados" e "incivilizados". É desnecessário lembrar que a parcela branca e citadina da população figurava entre os primeiros.

Desde 1870 se anunciavam tempos de uma sociedade secular para a qual, hipoteticamente, aferir o bom desempenho das almas teria menos importância do que aferir o grau de diferença entre "estágios civilizatórios".

Os estudos sobre os republicanismos no Brasil têm configurado uma vasta historiografia, na qual pouco tempo analítico tem sido destinado à observação sobre as oscilações que a idéia de secularização sofre quando da partição social das responsabilidades sobre os "brutos", os "rudes", os "pobres", ou seja, quando está em questão "o que fazer com" e em nome de "que" ou de "quem". O cuidado em relação aos órfãos, aos desvalidos, aos infratores da lei, facilmente se torna suscetível aos argumentos que falam em nome da ordem e da segurança social.

Tem-se obscurecido que a República brasileira para consolidar-se lançou mão de muitas estratégias violentas de supressão do dissenso (cf. Janotti, 1984). Mesmo quando a violência é mencionada, ela aparece como manifestação típica das armas e de belicismos de toda espécie. Contudo, estratégias violentas são ações que ultrapassam muito a ação bélica militar. Violência é um componente básico na delimitação do "lugar adequado" à pessoa considerada rústica.

Quando se observa o repertório de opiniões a respeito do perfil que as instituições destinadas a homens e crianças rústicas deveria apresentar para ser considerado "adequado", aproxima-se, então, do mercado simbólico em que eram negociadas as responsabilidades sociais que se deslocavam da esfera confessional para a esfera secular.

Na primeira metade do século XX, no momento em que "cuidar do outro" parecia transitar do céu à terra, a aferição dos dotes pessoais não foi posta de lado. Ao contrário, as ciências da mensuração ganharam foro de religião junto aos defensores das instituições laicas.

Em 1932, referindo-se à antropometria pedagógica, Sud Menucci considerou o Serviço de Psicologia Aplicada, que criou em sua breve passagem pela Diretoria Geral do Ensino do Estado de São Paulo, o ponto alto de seu trabalho:

> Tenho essa criação, feita exclusivamente por mim, porque nunca existiu no ensino de São Paulo, como um dos trabalhos mais úteis. Se eu nada houvesse feito por minha terra, essa criação sozinha justificaria minha passagem pela Diretoria Geral de Ensino. [...] A antropologia é uma ciência em embrião, no Brasil [...]. Não sei como se poderá vir a lançar as bases de um sistema nacional de educação [...] se nós ignorarmos como cresce e como se desenvolve a criança em nossa terra e em cada um dos variáveis *habitats* em que se encontra [...]. Querer seguir normas e regras e modos de ação, dentro de um plano de organização educativa, sem saber como se porta e como reage o animalzinho (sic) que vai sofrer o efeito de nossas práticas e experiências equivale [...] a fadar todo o trabalho ao malogro e ao fracasso (Menucci, 1932, p. 33).

O auto-elogio de Menucci deixa a desejar quanto à precisão dos fatos, já que os estudos e a aplicação de técnicas para a aferição de como e quanto a criança aprende já estavam instalados no Brasil desde pelo menos o Laboratório de Psicologia Experimental de Ugo Pizzoli na mesma São Paulo sob a guarda de Oscar Thompson, sem falar no Laboratório de Antropologia Educacional do Pedagogium, no Rio de Janeiro, que funcionava sob a cura de Manoel Bomfim.

O que menos importa no registro é essa imprecisão necessária à apologia que o suposto demiurgo faz de si. É importante, sim, registrar que a aferição das potencialidades cognitivas da criança, no âmbito do convívio escolar, se apresentava como parte de uma sociologia descritiva embebida de vínculos entre o homem e o meio pelo qual Menucci propunha o estabelecimento (*manu militari?*) de três mentalidades: a do citadino, a do camponês e a do homem litorâneo (Menucci, 1932, p. 118).

Em decorrência da proposta dessa partilha de mentalidades, não concordava com o envio de professores formados na cidade para atuar no campo, visto que dessa operação resultaria um choque de mentalidades, prejudicial àquele elemento rústico, para o qual até o analfabetismo seria mais adequado do que a cultura urbana:

> [...] desde que eu considero o atual professor rural não apenas inábil para a tarefa que lhe cometem (sic), mas pernicioso [...] pela obra deletéria que efetiva [...] enquanto permanecer na roça e enquanto atuar sobre a mentalidade da infância campesina, por que o havia de deixar disseminando o flagelo de que ele é o principal, senão único veículo? Mais acertado seria devolvê-lo a seu meio, naquele em que estaria perfeitamente à vontade e onde seu trabalho fosse realmente bem aproveitado. [...] E a roça? Ficaria entregue ao analfabetismo? Sim, senhores. Mil vezes o analfabetismo completo, integral, absoluto do que a cartilha e o ensino que desambientam e destroem as energias moças do campo. Ou nós lhe damos o ensino e a educação de que ela precisa ou tenhamos a coragem simples e estóica de não lhe dar nada. Antes nada que veneno (Menucci, 1932, p. 53-54).

A argumentação de Menucci posicionava-se numa senda aberta por Alberto Torres e trazia para os condomínios da política educacional paulista uma argumentação própria ao bacharelismo intelectual fluminense, que produziu uma das mais contundentes retóricas dispostas a definir o lugar de cada qual na sociedade que se arquitetava.

É importante observar que, até então, a apologia da educação rural estava vinculada a uma prédica nacionalista com a qual as virtudes do homem do campo e da agricultura brasileira eram representadas como componentes da estratégia de defesa da então chamada "indústria natural".[1]

---

1. Assim designada em oposição à indústria artificial. A indústria natural correspondia a uma imaginária junção entre o potencial agrícola brasileiro com a personalidade nacional menos "contaminada" por estrangeirismos e a inovação técnica para que se produzisse mais com menos recursos. A indústria artificial era a indústria propriamente dita, transformadora de matéria-prima em bens manufaturados e industrializados. Considera artificial porque avessa à personalidade agrícola do país e porque demanda ainda sua implantação sem condições estruturais já postas na sociedade. Um estudo a esse respeito que não envelhece está em Luz, 1978.

Alberto Torres propunha sem meias-palavras:

[...] demos terras a todos os homens válidos; instrução primária a todos os que podem ver e ouvir; instrução secundária e superior a todos os que são capazes, não dando a nenhum que não o seja (Torres, 1938a, p. 173).

E vaticinava:

A obra educadora do nosso tempo terá de fazer nestas inteligências um trabalho de sapa, que não é ousado equiparar ao da civilização de selvagens (Torres, 1938a, p. 144).

Entre Alberto Torres e Sud Menucci, não há vínculos de continuidade. Ocorria que, na década de 1930, Torres era amplamente citado toda vez que se pontuava a necessidade de políticas próprias para o homem do campo, especialmente as educacionais e as sanitárias. Não há como negar, todavia, que nas mais variadas circunstâncias o homem do campo era representado como portador da verdadeira essência da nação e depositário das suas mais fecundas virtudes enquanto elemento "fixo" na própria natureza com o qual era identificado. Visto em movimento ou deslocamento geográfico, ou seja, quando se percebia sua marcha para a cidade, tornava-se uma constante representação de "perigo social" e de instabilidade orgânica para os centros urbanos.

Em relação às crianças e aos jovens pobres, o passar do tempo consolidou a imagem do campo e de seus ofícios como um lugar de regeneração ao desajustado urbano e, em contrapartida, da cidade e de seus ofícios como lugar de ajuste ao deslocado rural. Regeneração e ajuste são coordenadas dos espectros ideológicos que repunham a utilidade como critério definidor das políticas de ocupação funcional da infância. Ao redor dessas políticas vagavam falas direcionadas ao cuidado para com a criança pobre.

As oscilações de opinião em relação ao homem não-citadino estavam postas desde Euclides da Cunha. O "tabaréu ingênuo" o assustava, mas também o compadecia; espantava-o, mas também aguçava sua solidariedade.

O tempo das homogeneidades, na República que se inaugurava, era o tempo das definições dos lugares na escala social, das rotas de mobilidade e das ações públicas de intervenção na vida social das cidades e dos campos. Para muitos, o tempo das homogeneidades sugeria a oportunidade histórica de justificar o "necessário" branqueamento da sociedade, considerada essa textura — a branca — a ideal para uma padronização que deveria dar às questões raciais um tratamento "científico".

A "era do saneamento" que iniciara nos primeiros anos da República, conforme a definiu Hochman (1998), era também um momento em nossa história política em que as tensões sinalizavam a constituição da esfera de ação pública republicana. As responsabilidades relacionadas ao bem-estar social, que a muito custo tornavam-se responsabilidades governamentais, faziam-se acompanhar da mística de salvação do cidadão em relação à própria precariedade. O doente deveria ser salvo de seu meio; o analfabeto, de seu obscurantismo, o homem rural, de sua própria brutalidade etc. (cf. Hochman, 1998 e Lima, 2000).

Isso talvez ajude a compreender a implementação de políticas de educação e de correção de menores pobres infratores junto às rubricas orçamentárias do Ministério da Agricultura, Indústria e Comércio. Agricultura e indústria representavam, também, um campo cultural disposto para a que a economia operasse ajustes morais na sociedade. Não é a economia o lugar privilegiado de verificação da intensidade de secularização na sociedade?

As várias modalidades de ensino profissional, desde o século XIX, no Brasil, compuseram um painel no qual a identificação do lugar social das crianças e dos jovens pobres simplifica-se: o aprendizado de um ofício é um lugar de garantia contra uma das fatalidades da pobreza: a transgressão penal.

O aprendizado de um ofício revelou-se, também, instrumento seguro para que a infância pobre não fosse esticada para além do "mínimo necessário".

O Código Penal de 1890 já prescrevia responsabilidades penais a contar dos 9 anos de idade, e os estabelecimentos disciplinares industriais eram considerados adequados para a guarda e reparo do transgressor (cf. Cunha, 2000, p. 36-7), tanto quanto serão considerados adequados os Patronatos Rurais criados a partir de 1918 (cf. Oliveira, 2003).

Pode-se utilizar como critério de aferição da "duração" da infância nessas circunstâncias, os parâmetros de imputabilidade oferecidos pelo

Código Penal ou por argumentos urdidos em laboratórios antropológicos, como aqueles de Nina Rodrigues que, em 1893, defendia o rebaixamento da idade de responsabilização penal (Corrêa, 1998 e Cunha, 2000, p. 37).

Mas não causa surpresa constatar que os círculos governamentais e acadêmicos da Primeira República produzissem documentação na qual o pavor diante dos pobres mostrasse certo frenesi à cata de medidas destinadas a contê-los em uma "selvageria" considerada por muitos como natural. O interessante a observar é que, ao mesmo tempo que a cidade consolidava-se como vetor de civilização interna, a agricultura era retomada como lugar adequado à formação de crianças e jovens, tomando por base a idéia de torná-los úteis, ainda que pobres (cf. Oliveira, 2003).

Dessa forma, o debate indústria natural *versus* indústria artificial que marca fortemente as discussões político-econômicas do início do século XX tem sua versão de "economia moral" no momento em que o campo é preservado como lugar de regeneração da infância mediante a aquisição dos atributos básicos da sociabilidade destinada ao pobre: ser útil.

Mesmo as iniciativas que sinalizavam a necessidade de romper com predomínio do campo sobre a cidade e que buscavam na industrialização repertórios políticos para defender uma nova cultura, conservaram a representação do rústico "ajustado" mantido no lugar básico de sua rusticidade: o campo.

O ajuste entre campo e cidade, no âmbito das iniciativas que se reportavam ao Ministério da Agricultura, Indústria e Comércio, no que toca à infância e juventude, produzia uma "rotação de signos" ao redor da idéia de utilidade. O aprendizado de ofícios marcadamente industriais oferecia uma delimitação para a duração da infância, e o aprendizado dos afazeres rurais oferecia um tempo de resguardo para que a personalidade criminosa se dissolvesse no cotidiano do labor.

No relatório que o engenheiro João Luderitz apresentou ao Ministro da Agricultura, Indústria e Comércio a respeito do Serviço de Remodelação do Ensino Profissional Técnico, em 1925, sua exposição a respeito do "tempo de ser criança educanda" é bastante contundente:

> [...] é de ordem econômica, por não se poder [...] exigir que os pais consintam aos filhos permanecerem na escola além dos 12 anos; com esta

idade não se tendo a veleidade de fazer do filho um doutor, mandando-o para os cursos secundários, de humanidades, exige-se dele que comece a ganhar a vida, empregando-se, alguns mesmo em misteres subalternos (Luderitz, 1925, p. 174 apud Cunha 2000, p. 76).

Já no Relatório do Ministério da Agricultura de 1918, na exposição de motivos a respeito da criação dos Patronatos Agrícolas,[2] a relação entre economia e ajuste moral dos internos é bastante explícita:

[...] criação de ambiente próprio, preparando e instruindo o trabalhador rural; preparar geração nova de trabalhadores familiarizados com a mecânica agrícola, versados na prática dos manejos e execução dos misteres que conduzem à obtenção inteligente e conscienciosa dos produtos agrícolas; [...] com o duplo objetivo de socorrer a infância deserdada e formar cidadãos úteis à pátria, pelo cultivo da higiene, da moral, da instrução e do trabalho ordenado e metódico [...]; ministrar um caráter de ensino com intuitos essencialmente práticos [...]. (Ministério da Agricultura, Indústria e Comércio, *Relatório de 1918*, Exposição de Motivos, apud Oliveira 2003, p. 34).

No Decreto nº 13.706 de julho de 1919, as funções do Patronato Agrícola foram confirmadas em seus princípios ordenadores e melhor definidas quanto a suas especificidades:

Constituem, em seu conjunto, um instituto de assistência, proteção e tutela moral dos menores; recorrendo ao trabalho agrícola para utilizar sua ação educativa e regeneradora, para dirigir e orientar menores, até incorporá-los ao meio rural [...]. (Decreto nº 13.706, de 25 de julho de 1919, apud Oliveira, 2003, p. 35).

A cidade republicana tem na rua um dos símbolos da vida pública. Basta lembrar, mais uma vez com Gilberto Freyre, o processo pelo qual

---

2. Com o objetivo de amparar a infância desvalida foram criados, entre 1918 e 1926, Patronatos Agrícolas em Ouro Fino - MG; Santa Bárbara do Rio Pardo-SP; Sete Lagoas-MG; Silvestre Ferraz-SP; Caxambu-MG; Porto Alegre-RS; Passa Quatro-MG; Muzambinho-MG; Jaboatão-PE; Serro-MG; Jaboticabal-SP; Outeiro-PA; Pelotas-RS; Ribeirão Preto-SP; Bananeiras-PE; Annitápolis-SC; Tamandaré-PE; Rio Branco-BA; Marquez de Abrantes-BA; Viçosa-MG.

autoridades municipais começaram a proibir o uso da rua como depósito de lixo dos sobrados e dos mocambos, quando da desagregação da sociedade patriarcal nordestina. A rua deixava de ser lugar de ninguém para ser lugar de todos; espaço público, portanto.

De certa forma, a mobilização correcional e educacional direcionada à infância na Primeira República dá sobrevida à imagem da rua como lugar onde a infância delinqüe (cf. Freyre, 2000), e quem delinqüe, quem não é branco ou não tem uma inserção citadina claramente definida, carecia ser civilizado.

O Relatório apresentado ao Secretário da Justiça por Candido Motta Filho, na condição de Diretor do Serviço de Reeducação do Estado, denominado "Tratamento dos menores delinqüentes e abandonados", em 1935, é uma peça documental que deve ser examinada com cuidado, uma vez que demonstra com exemplos categóricos o que está sendo tratado aqui.

Quando assumiu a Instituição,[3] Candido Motta Filho produziu um diagnóstico por meio do qual pontuou a ação deletéria do Estado no trato do "menor":

> Entregamos o menor... de bom comportamento ao industrial X. Este dá-lhe ordenado. Orienta-o pacientemente. Mas desanima. O menor, mal recebe o ordenado, gasta-o em tolices. Acredita em tudo e acaba desistindo da oficina e rondando, de olhos tristes, como um desarvorado, os muros do Instituto. O menor ... é colocado numa chácara como trabalhador, com ordenado. O seu patrão logo desanima. Só trabalha em virtude das ameaças. É um autômato. Age, só pelos reflexos condicionados no Instituto, como a fera, ao estalido do chicote domador. O menor ... de 17 anos vai, com liberdade vigiada, para a residência da família X. É carinhosamente tratado. Veste-se até com certo luxo. Não demora porém. Pratica um furto de uma bugiganga. Desmoraliza-se. O menor ... de 16 anos vai para casa de uma família. Estivera 4 anos no Instituto. Mal saído é reintegrado. Não sabe se portar. É um nervoso. Um inquieto. Usa linguagem de baixo calão (Motta Filho, 1935, p. 13).

---

3. Funcionava em São Paulo, capital. "Instalado numa área aproximada de 48 alqueires, o Instituto abrange uma área cultivada de 8 alqueires. Está localizado no Bairro do Belenzinho, cortado pelo Tietê."

O autor tece críticas à precariedade das instalações, à concepção de trabalho forçado que regia as atividades dos internos e à junção calamitosa entre promiscuidade e falta de higiene (p. 14). As crianças portadoras de deficiências físicas ou de doenças de maior gravidade eram fotografadas para que o relatório oferecesse às autoridades evidências documentais irrefutáveis às autoridades (p. 15 e 16).

A situação calamitosa descrita no relatório é remediada pelo governo estadual com a criação de um Serviço de Reeducação do Estado, o qual unificaria as políticas de atendimento à infância desvalida. Já existiam os Institutos da capital e de Mogi-Mirim. Foi criado mais um em Taubaté e, na própria capital, grande terreno foi doado à Liga das Senhoras Católicas para a construção da Cidade dos Menores Abandonados.[4] Os serviços de reeducação passaram a estar subordinados ao Juizado de Menores.

Segundo o diretor, o Serviço de Reeducação remodelou positivamente a ação educativa dos Institutos disciplinares sobre os internos porque:

> Organiz[ou] cientificamente o serviço de reeducação integral, estabelecendo medidas necessárias ao amparo médico-pedagógico dos internados, a sua readaptação social, com institutos de psicotécnica e orientação e seleção profissional, adaptação científica do trabalho às aptidões naturais, tendo em conta a economia nacional e o meio social brasileiro, com variedade de tipos de escola. O programa dever[ia] ser organizado harmonizando o ensino profissional com a laborterapia (Motta Filho, 1935, p. 17).

O que provocou tamanha mudança em tão pouco tempo? A decisão de agir conforme o mapa de ação sugerido pela psicotécnica.

Para além da função social de reeducação da infância abandonada, o diretor indicava que o Instituto tinha função

> científica como centro de estudo dos mais importantes problemas da infância, laboratório de pesquisas pedagógicas e pedopsiquiátricas (p. 18).

---

4. Esse episódio é ilustrativo da complexidade presente no esforço de analisar os fundamentos seculares da República brasileira. Trata-se de uma situação na qual a responsabilidade sobre a infância é devolvida à instituição religiosa para que desempenhasse um papel que inúmeras falas republicanas atribuíram exclusivamente ao Estado. A respeito da Cidade dos Menores, é importante conferir Corrêa, 2001.

No momento em que descreve as dificuldades presentes no cuidado que as transformações físicas demandam o autor observa que, dentre os dados de observação, está o teste de quociente de inteligência (Q.I., p. 27). E deixa assinalada sua fonte de consulta e também seu espectro de leitura no campo da psicanálise:

> Binet diz que a determinação das aptidões das crianças é o mais difícil problema do ensino e da educação, tanto mais essa que deve essas aptidões. Evidentemente, com Binet, estão todos os educadores. Mas como determinar, numa psicologia em mudança, o eu profundo, como enfrentar as tendências perversas, os instintos anti-sociais e sublimá-los? Freud (Motta Filho, 1935, p. 37).

Após proclamar sua familiaridade em relação à psicanálise saúda nada menos do que a experiência fascista no trato das questões relacionadas ao estudo das aptidões infantis:

> Na Itália, o problema tem sido focalizado com grande severidade e o governo fascista tem compreendido que estamos verdadeiramente vivendo o século da criança. Além do formidável trabalho de Sante de Sanctis sobre a psicopediatria e sobre neuropsiquiatria nos ambulatórios de doenças nervosas e mentais da infância e da Casa de saúde e educação. Trouxe-nos o fascismo, diz um importante italiano, a lembrança de que Roma, em seu passado, já cultuava a criança [...] daí a expressiva obra de Gentile, tendo em conta o desenvolvimento progressivo da criança com o problema vocacional. A aplicação de métodos derivados da Sra. Montessori ajuda investigações nesse sentido (p. 38).

O autor prossegue arrolando as descobertas que a psicologia oferecia desde o final do século XIX, a qual, enquanto ciência de aplicação, tornava-se ferramenta necessária à correção do infrator infanto-juvenil. Como sua ação é informada por um rol variado de escolas e de tendências, sua referência seguinte, na análise da criança delinqüente, é E. Thorndike (p. 46).

É interessante observar que o elogio da ação laboratorial sobre a infância, com vários ecletismos, prossegue até o momento no qual o autor se depara com William James. Em James, encontra elementos para desconfiar das mesmas práticas que estava a elogiar:

W. James já dizia que experiência alguma de laboratório seria capaz de esclarecer uma individualidade. E acrescenta textualmente: a opinião de mestre perspicaz tem mais valor que os resultados das experiências científicas feitas fora das condições da vida real, desses cálculos pedantes da fadiga e da memória, da associação de idéias, da atenção (Motta Filho, 1935, p. 55).

Na seqüência, sua prestação de contas dirigiu-se criticamente à artificialidade da indústria taylorizada (p. 56), considerando que a indústria artesanal tinha dotes muito mais adequados à formação da criança desvalida, uma vez que o aprendizado da tapeçaria, da encadernação, do entalhe, das aulas de desenho etc. poderia evitar que saíssem do Instituto na condição de autômatos (p. 56).

Ao mesmo tempo que se dava o encontro dos signos originados nas práticas dos chamados psicologistas com as práticas que se instalavam nos laboratórios de antropologia, os encarregados da (re)civilização de infratores e desvalidos atuavam sob a guarda de forte contradição. Apresentavam-se como portadores de amplo espectro de leituras no campo da psicologia, psicanálise e antropologia. Desfrutavam, por isso, de autoridade intelectual para atuar em instituições reformadoras e de reeducação. Ao mesmo tempo, emitiam sinais de desconfiança em relação à aplicabilidade de técnicas originadas em realidades sócio-econômicas consideradas mais consistentes e organizadas.

Tais administradores, do perfil de Candido Motta Filho, promoviam eclética circulação de autores, livros e escolas e brandiam a espada da ciência como advertência aos incautos para que percebessem que, sem técnicas apropriadas, a barbárie continuaria a ser portadora de instabilidades sociais capazes de comprometer a ordem republicana.

Por isso, mesmo com a leitura das obras de educadores, psicólogos e antropólogos estrangeiros e brasileiros a utilização de argumentos "de ciência" indicava que tais argumentos eram recursos necessários para confrontar as possibilidades oferecidas pelos laboratórios de observação da infância com as reais dificuldades apresentadas por crianças advindas de uma rusticidade que, *per se*, inviabilizava a aplicação de escalas de aferição.

Cumpria ao observador ser, ao mesmo tempo, o portador das novas técnicas de aferição e o observador perspicaz sugerido por William James.

Motta Filho apresenta uma longa argumentação sobre o quanto uma realidade pródiga em produzir anomalias representava um risco até mesmo para a obtenção de resultados confiáveis mediante a aplicação da ciência:

> [...] a Dra. Montessori aconselhava a salvação do normal pelo anormal, do educado pelo deseducado. Nos inajustados sociais encontramos os elementos para estudo e observações, pela saliência que oferecem como estigmatizados pelas misérias físicas e sociais. O Serviço de Reeducação, com uma clínica de conduta, observa e cuida da infância em todas as suas fases. Só ele pode observar a evolução infantil, focalizando os mais difíceis problemas da caracteriologia (Ganzheit). Só numa organização assim é que a pedagogia pode furtar-se do critério excessivamente empírico ou excessivamente livresco. O que nos adianta, para a prática educacional, a classificação de Claparéde, a classificação de atividades de Kilpatrick, a classificação ortofrênica de De Santis? [...] Recebemos de um determinado internato um rapaz de 17 anos, filho de pai leproso e que, pela informação que trazia era um imbecil. Foi classificado assim, em conseqüência da tabela de Binet. No entanto, observado cuidadosamente, verificamos tratar-se de um emotivo — retardado mental com todos os dados psiquiátricos e psíquicos evidentemente contrários à imbecilidade. É que observamos a criança nos seus primeiros meses de vida, observamo-la à entrada da adolescência e essa observação é constante [...]. Só um estabelecimento assim poderá, nesta hora de graves transformações, alargar os nossos horizontes educacionais, como força propulsora de uma metodologia segura (Motta Filho, 1935, p. 75).

O Serviço de Reeducação era visto como um espaço de testes até para a ciência. A aplicabilidade das técnicas laboratoriais inerentes a seu funcionamento era relatada ao Secretário da Justiça como uma variável decorrente das possibilidades de observação empírica dos que avaliavam os internos. E até a ciência é imprecisa em lugares nos quais o arcaísmo se fazia tão presente. Até um Binet plantado em terras tão áridas poderia não florescer.

Mas a República era imortal. Como já dissera Euclides, todos se dobrariam diante ela, ainda que a pranchadas. Os desvalidos, pobres e infratores encontravam no lugar que lhes era designado a oportunidade de serem "observados". Organismos vivos sob as lentes de inusitados microscópios eram então preservados em "lâminas" classificadas conforme seu grau de degeneração, deformação ou periculosidade.

Seus estudiosos advertiam: se bem observados, estudados e analisados, poderiam ser civilizados. Se bem civilizados, poderiam ocupar tranqüilamente o lugar que lhes cabia: o trabalho. Se bons trabalhadores, poderiam transformar uma existência rude num compromisso com a utilidade, fiado pela ciência, confirmado pelo Juiz de Menores.

3

A antropologia, a escola e a diferença cultural: conhecer a infância e a juventude rústicas enquanto existem

A experiência acumulada desde 1947 no ensino de Sociologia Educacional na Faculdade de Filosofia, Ciências e Letras da Universidade de São Paulo facilitou ao professor Antonio Candido redigir o *paper A estrutura da escola*, publicado pela primeira vez em 1953 e, desde então, republicado algumas vezes.

Com intenções didáticas, aquele que se tornaria, nas décadas seguintes um dos mais expressivos intelectuais brasileiros, expôs alguns argumentos a respeito do conjunto de leituras que, a seu ver, seria necessário dispor ao professor em formação. Essa formação deveria conduzir o estudioso da educação a compreender que a pesquisa empírica continha procedimentos "necessários" ao incremento da sociologia da escola e da escolarização, no Brasil.

Sua argumentação provinha da convicção de que

[...] num plano mais profundo, todas as escolas de determinada civilização têm muito de comum na sua sociabilidade interna, devido às tendências comuns da sociabilidade infantil e juvenil. É por esta, pois, que deve começar o estudo da estrutura social da escola. [...] Não basta estudar o desenvolvimento da sociabilidade, desde a formação do sentido real, até a aquisição de hábitos necessários à vida em sociedade; é preciso dar atenção ao que há de específico na sociabilidade da criança e do adolescente em face do adulto; aos tipos de agrupamento por eles desenvolvidos; ao mecanismo de seleção dos líderes; ao conflito com os padrões sociais impostos pela educação, etc. (Candido, 1967, p. 109-10).

Em sua conclusão, Candido evocou um estudo de 1932, escrito por Willard Waller, denominado *The sociology of teaching* [A sociologia do ensino] para indicar a existência do que foi chamado pelo autor como *the separate culture of school* [A cultura escolar separada], com o intuito de confirmar o mote de sua própria análise que consistia na demarcação da cultura "própria" da escola como campo de investigação.

Estava em curso, naquela fértil década de 1950, uma reapropriação do objeto escola como perspectiva de interesse de uma recém-instalada antropologia cultural. Rememorar essa instalação institucional da antropologia significa trazer à baila o Departamento de Pesquisas Sociais do Centro Brasileiro de Pesquisas Educacionais, fundado em 1956, mas já em gestação desde 1949, quando a Universidade da Bahia firmou convênio com a Columbia University com vistas a empreender investigações relacionadas aos estudos sobre a miscigenação (cf. Corrêa, 1988; Freitas 2001 e Xavier, 2000).

Antonio Candido, naquele contexto, atendeu demandas específicas provenientes tanto da Faculdade de Filosofia, Ciências e Letras como do Centro Regional de Pesquisas Educacionais de São Paulo. Tendo sido chamado a opinar a respeito da escola e das sociabilidades infantis e juvenis, acrescentou aos debates, que no Rio de Janeiro giravam na órbita Anísio Teixeira/Darcy Ribeiro e em São Paulo na órbita Florestan Fernandes, o tema do contraste entre o mundo rural e o urbano e suas repercussões na pesquisa educacional.

Com sua intervenção, adicionou o tema da especificidade da estrutura escolar urbana ao conjunto volumoso de iniciativas que, a despeito de muitas diferenças e variabilidade conceptual, indicava a grande (re)descoberta da década: o homem rústico; o segmento humano apartado da assim chamada civilização urbana e industrial (cf. Candido, 1957).

Pode parecer uma repetição, mas não é. Na metade do século XX, no Brasil, intelectuais de variados jaezes ainda apontavam a necessidade de associar à prática docente informações provenientes de "laboratórios de antropologia" que alguns centros de pesquisa tinham a oferecer ao trabalho escolar. Contudo, é necessário distinguir usos de abusos da antropologia. Na realidade, em retornando àqueles debates, não se constata a reedição das práticas antropométricas tais quais as que acompanharam, por exemplo, a atuação de Nina Rodrigues em Salvador ou de Ugo Pizzoli na cidade de São Paulo e que subsidiaram várias decisões relacionadas à vida da criança na escola.

No contexto acima referido, há uma diferença sensível: o brasileiro rústico estava sendo tratado com novo rigor do ponto de vista intelectual, de modo a reentrar em cena efetivamente como "objeto da ciência social aplicada à educação", não mais como estigma de inferioridade étnica ou cultural.

Não obstante a delicadeza e rigor científico no trato, os textos originados na atividade acadêmica de intelectuais como Antonio Candido compunham um cenário no qual despontava um "tipo" de criança e de adolescente fadado ao desaparecimento: a de tipo rural.

O impacto dissolvente da cultura urbana levava a crer que a rusticidade de determinados segmentos estava condenada ou a desmanchar-se ou a sobreviver apenas como forma elementar de um primitivismo passível de ser interpelado em estudos de contato cultural. Daí que, para os novos antropólogos e sociólogos, a criança e o jovem identificados com a cultura rústica passaram a ser vistos como parte de uma nova heurística tribal, de um novo trabalho de campo que se apresentava na reunião de intelectuais tão diferentes quanto Antonio Candido, Florestan Fernandes, Oto Klineberg, Roger Bastide, Charles Wagley, Donald Pierson, Emille Willens, Oracy Nogueira, Luiz Aguiar Costa Pinto, Roquete-Pinto, Afrânio Peixoto dentre muitos outros que poderiam ser igualmente citados.

Às portas da década de 1960, parecia ainda importante elucidar "as diferenças entre o campo e cidade e seu significado para a educação". O intento básico originava-se na convicção de que era necessário orientar o educador a respeito da existência de um educando não previsto nem contido nos cânones da "teoria educativa do Ocidente burguês" (Candido, 1957, p. 53).

Ainda restavam, à deriva do acelerado processo de civilização industrial em andamento, estruturas biológicas, culturais e econômicas intocadas pela nova disciplina das cidades e de suas instituições basilares. Essa era a constatação que conduzia o analista a citar Henri Lefbvre:

> [...] há três desigualdades fundamentais no mundo moderno: entre o homem e a mulher, entre as classes (isto é, o rico e o pobre) e o citadino e o camponês (Candido, 1957, p. 55).

A escola urbana seria uma instância de socialização traumática para a criança e para o jovem não citadinos, uma vez que a adaptação a sua estrutura demandaria auto-rejeição, importando a cada indivíduo desvencilhar-se do que de mais arraigado possuía e que, portanto, pesava-lhe como tradição.

O chamamento que a escola urbana fazia à criança e ao jovem descritos como rústicos, quando atendido, induzia a uma quebra de continuidade nas relações até então estáveis entre homem e meio. Em decorrência disso a aceleração no ritmo de vida profanava formas elementares de convívio (Candido, 1957, p. 58).

A contradição entre a vida rural e a urbana estava em via de ser superada, em decorrência do caráter avassalador com o qual as instituições urbanas dispunham-se a "refazer" a criança e o adolescente. A contradição entre os termos rural e urbano, portanto, caminhava para uma "resolução histórica" mediante a supressão de um dos termos da dualidade campo/cidade.

Mas como o andamento da história contradiz qualquer perspectiva teleológica, o analista prontamente registrava que a aceleração do processo de urbanização pela qual o Brasil passava permitia a "coexistência" de formas avançadas de cultura urbana com as sobrevivências do passado (Candido, 1957, p. 60). Essa sobrevivência de representantes das culturas rústicas constituía problema de ordem teórica e prática aos investigadores interessados nos temas escola e escolarização, aos quais seria acrescentado continuamente o tema da mobilidade social horizontal e vertical.

A escola e a socialização da infância e da juventude, como objetos que se renovavam na reorganização da sociologia e da antropologia educacionais, eram caracterizadas como portadoras de conteúdos e de práticas da urbanização individual e coletiva passíveis de manejo orientado pela pesquisa de campo. De forma geral, a instituição escola era concebida como destinada a promover desconfiguração total de qualquer resistência, e de qualquer resistente, aos ditames de uma nova cultura.

Esse dado era interpretado como "dado de realidade" e, em decorrência, como movimento inexorável, irreversível. A inexorabilidade da supressão da cultura rural como dimensão de vida e sociabilidade motivava também o analista a recusar as imagens do campo como "reserva de autenticidade cultural". Nesse sentido, sua fala é de contundente rejeição ao pressuposto de que

> O campo seria a reserva de homens com que conta a nacionalidade, devendo-se fazer tudo para dar aos seus moradores um tipo de assistência que os faça indiferentes aos atrativos da cidade [...] Daí já se ter cogitado e mesmo parcialmente executado um programa de formação específica do professor rural, como categoria estanque, vinculado ao meio rural e funcionando no sentido de melhorar o ajustamento dos trabalhadores rurais (Candido, 1957, p. 63).

O ruralismo era apontado como ilusão. No entanto, o contato com as culturas arcaicas provocava em analistas como Florestan Fernandes a necessidade de expor o arcaísmo rural como questão antropológica e sociológica da maior importância, a ponto de absorver as atenções de pesquisadores reconhecidos como Donald Pierson, Emilio Willems e Jacques Lambert. A manifestação dessa importância poderia ser também verificada no estudo antropológico da cidade de São Paulo. Dizia Florestan:

> Como bem salientou Emílio Willems, culturas diversas coexistem, na sociedade brasileira, dentro das mesmas fronteiras políticas. A cidade de São Paulo reproduz, na atualidade, o futuro provável de outras comunidades brasileiras em urbanização e em industrialização. Essas mesmas comunidades exprimem [...] pelo menos estrutural e culturalmente, o passado de nossa cidade. Várias fases, supostas historicamente extintas, na evolução social do Brasil persistem e vivem na existência quotidiana de muitas aglomerações humanas brasileiras do presente. Tais gradações e diferenças são perfeitamente visíveis e ofereceram a Jacques Lambert um prisma para a interpretação de processos histórico-sociais e políticos em termos das duas civilizações de idade bem diversas e das duas sociedades diferentes, que se entrechocam na cena social brasileira. Como escreve, a estrutura social arcaica subsiste, quase intacta, no campo; a estrutura so-

cial evoluída, dos países industrializados da civilização ocidental, já se acha estabelecida em algumas cidades e, sob alguns aspectos penetrou inclusive as zonas rurais do sul (Fernandes, 1974, p. 11-2).

Às escolas das grandes cidades acorriam crianças e jovens provenientes das "zonas de extinção". Adentravam o convívio escolar na difícil condição de relacionados ao aspecto bruto da cultura em dissolução e, por conta disso, participavam da socialização escolar como interessados em acelerar a própria destruição de seus caracteres mais originais com vistas a facilitar a conquista da aceitação entre pares, tarefa essa, no mínimo, penosa.

A observação dos processos que engendravam a dissolução do arcaico no moderno levou Emilio Willems a incluir, em seu trabalho de observação de imigrantes e populações marginais no Brasil, a escola e a escolarização da infância e da juventude estrangeira recém-chegada ao país. Fez isso com vistas a compreender melhor os processos de assimilação e de aculturação em pleno andamento.

Tendo recolhido junto a William James os pressupostos para compreender o homem como resultado da soma de seu eu com tudo o que pudesse ser considerado objeto de sua posse,[1] procurou elucidar os motivos pelos quais esse homem abandonaria suas referências etnocêntricas em favor de valores culturais estranhos (cf. Willems 1980, p. 4-5).

Naquele contexto de aproximação da investigação antropológica em relação à escola, ainda se tomava por pressuposto básico que homens arcaicos produziam filhos arcaicos e homens rudes, por sua vez, filhos rudes. A resistência à cultura urbana seria uma característica típica do segmento adulto de cada comunidade marginal. Nas parcelas infantis ou jovens, deixar-se assimilar significava definir uma estratégia de projeção da própria receptividade junto a pares hostis e estranhos. Willems reconhece que o estudo dos processos de assimilação cultural implicava o estudo simultâneo do movimento de formação de atitudes (cf. Willems, 1980, p. 7).

À medida que a substituição de esquemas de conduta apresenta dificuldades relevantes ao imigrante que se instala no campo, é necessário

---

1. Em sentido físico (a posse de qualquer coisa) ou em sentido figurado (a posse de uma reputação, por exemplo).

compreender o conjunto mínimo de estratégias pelas quais cada segmento marginal buscou um espaço social na cultura institucional das cidades com o objetivo de legitimar seu estar, ficar e correlacionar-se em situação de alteridade. Para compreender a inserção adulta, fazia-se necessário estudar sua assimilação, por exemplo, em cultos religiosos.

Já para a compreensão da inserção infantil e juvenil em grupos amplos de sociabilidade, a escola e a escolarização urbana revelavam-se laboratórios de observação da elaboração permanente de uma cultura endógena própria, tal qual Candido dissera, tipicamente escolar. Em relação à criança considerada arcaica, o investigador chegava à conclusão de que a escolarização conduzia a um movimento irreversível de secundarização dos valores familiares arraigados.

Em razão do exposto, concluiu que

> A iniciação na cultura originária, feita pela comunidade local ou apenas pela família, tende a implantar no homem as atitudes etnocêntricas usualmente exigidas pelo grupo. A cultura dos pais afigura-se naturalmente como sendo superior a todas as demais e o homem que lhe está sendo ajustado sente as emoções indispensáveis para o desenvolvimento de sua personalidade.
>
> A situação muda à medida que pessoas estranhas a esse meio e dispondo de prestígio e autoridade dos pais ou da comunidade local procuram apoucar os valores transmitidos. Se os companheiros de folguedo ridicularizam as marcas raciais, a língua, o nome arrevesado da criança, se os professores e outros superiores lhe proíbem o uso da língua aprendida com a mãe [...] se, enfim, [...] percebe que está infringindo as regras etnocêntricas do meio mais amplo em que é destinado a viver, ele procura fazer reajustamentos necessários (Willems, 1980, p. 10).

A história da inserção de crianças e jovens provenientes de segmentos considerados arcaicos no universo consubstancial à escola urbana seria a história daqueles reajustamentos.

Outro exemplo importante a respeito do interesse sociológico e antropológico pelo tema do reajustamento pode ser observado na atuação de Donald Pierson na Escola de Sociologia e Política de São Paulo.

Donald Pierson vinha oferecendo, dentre outros, um Curso de Psicologia Social. O interesse na formação do *self*; a investigação sobre os processos pelos quais a criança assume os papéis dos outros e se percebe sob o ponto de vista desses outros compunha um perfil de ensino e de pesquisa bastante produtivo para aquele investigador que também se interessava pela escola como lugar de contato cultural.

No conjunto de sua obra, o contato cultural identifica-se com a oportunidade estruturada para que ocorresse a passagem da situação de *folk* para a situação civilizada. Se o conjunto de investigações sobre a dualidade civilização/incivilização poderia facilmente sugerir a recolha de resultados de exames antropométricos já praticados em profusão na sociedade brasileira, Pierson, ao contrário, demonstrava na organização de suas atividades docentes que compreendia a escola e seus intentos de homogeneização cultural como um campo e como um desafio interpretativo muito mais próximo da psicologia social do que do acervo de investigações e aferições acumulado até então nos estudos psicológicos e psicométricos elaborados em São Paulo e no Rio de Janeiro. Recomendava, enfaticamente, que seus alunos buscassem formação na leitura de alguns trabalhos de Georg Mead e de John Dewey (Pierson, 1945, p. 105).[2]

O "eu", o "*self*" da infância arcaica também estavam em questão.

No Brasil, a década de 1950 refunda a sociologia da educação. Essa refundação tornou, como nunca, a prática de investigação sociológica tributária da *démarche* antropológica. Se o chamamento de Antonio Candido a respeito da estrutura da escola reverberava com tamanha intensidade, isso acontecia porque a noção de que a escola era portadora de uma cultura própria e diferente permitia a utilização das mesmas ferramentas mentais com as quais os sociólogos colocavam na pauta de discussões a infância educanda e a juventude em formação. O conjunto dessas ferramentas mentais conduzia todos os afluentes para as águas da assimilação cultural.

Segundo Willems, a assimilação cultural poderia ser definida

> [...] como mudança da personalidade realizada pela substituição de combinações de atitudes e valores, por novas combinações de atitudes e valo-

---

2. Pierson indica como bibliografia indispensável de Georg Mead: *Social psychology as a counterpart to physiological psychology*; *Social consciousness and the consciouness of meaning* e principalmente *Mind, self and society*. De John Dewey, indicava *The reflex-arc concept*.

res que vêm a integrar o indivíduo em uma sociedade culturalmente diferente (Willems, 1980, p. 16).

Para a criança proveniente de círculos de convivência familiar arcaicos, rústicos e ou marginalizados, a escola era uma sociedade culturalmente diferente, para a qual essa criança emigrava recebendo sobre si o ônus que acompanha todos deslocamentos geográficos, emocionais e culturais.

Mesmo quando uma parte dos valores arraigados conseguia permanecer e, às vezes, até se incorporar ao patrimônio cultural comum do novo grupo, a assimilação sempre resultava um processo sociopsíquico que alterava significativamente a personalidade (Willems, 1980, p. 17).[3]

Josildeth Gomes, quando elaborou um "estado da arte" dos estudos de comunidade no Brasil, a pedido do Centro Brasileiro de Pesquisas Educacionais, apresentou dados bastante contundentes a respeito de quanto a sociabilidade infantil e juvenil, em comunidades apartadas, pouco ou quase nada dependia da ação uniformizadora da escola, mesmo porque algumas dentre aquelas comunidades estudas sequer possuíam escolas (cf. Gomes, 1956, p. 63-106).[4]

O aluno considerado rústico ou arcaico, em estudos tais como o de Candido, na maioria das vezes não era o próprio habitante de comunidades rústicas, chamadas pela maioria dos antropólogos de "complexas". O objeto de reflexão era, sim, o aluno obrigado a instalar-se nas cidades e que trazia em seu acervo de hábitos familiares o componente não-urbano que seria

---

3. Como o que se discute neste texto é a criança diante da instituição escola levando em consideração a análise de Candido a respeito da contradição rural/urbano e seu significado para a educação, dos escritos de Emilio Willems estou escolhendo propositalmente suas considerações sobre a assimilação cultural. Willems, por sua vez, com outros objetivos analíticos insiste na necessidade de se distinguir a assimilação da aculturação. Vejamos em pormenor: "Contatos podem levar à interpenetração, síntese ou fusão de culturas diferentes. Mas a análise do desaparecimento de certos elementos culturais, a modificação de outros e, talvez, o reagrupamento de todos ainda representa um estudo de aculturação e não de assimilação, como pensam alguns autores. Na hipótese de fusão cultural, as personalidades atingidas conseguiram reajustamento completo ou, em outros termos: a adoção de novas combinações de atitudes e valores foi de molde a corresponder plenamente às expectativas da sociedade receptora. Como se vê mais uma vez: somente a análise desses reajustamentos constituiria um estudo de assimilação (Willems, 1980, p. 23).

4. Os exemplos mais contundentes foram retirados das assim chamadas "comunidades complexas" de Búzios, Vila Recôncavo e Minas Velhas.

dissolvido na escola. O foco insidia sobre os representantes de culturas arcaicas em movimento, instalados nas periferias das cidades e chegando à escola urbana para obter dela a ascensão social que os pais não lograram obter.

Aquela criança e aquele jovem que permaneciam habitando a comunidade efetivamente isolada mantinham-se, aos olhos da cidade, sob um diagnóstico já apresentado por Euclides da Cunha ao sertanejo na finalização do século XIX: progredir ou desaparecer.

O que ocorria, então, era mais uma manifestação de quanto aquele período oportunizou estudar e debater o tema "realidade nacional". A cultura propriamente escolar correspondia a uma dentre tantas aproximações possíveis ao tema da diversidade cultural. Era o momento da revalorização da cultura regional, e a escola urbana, na maioria dos estudos sociológicos e antropológicos que se articulavam nos condomínios dos Centros Regionais de Pesquisa Educacional, era representada como o grande aquário a cuja visitação do pesquisador social dar-se-ia a oportunidade de conhecer a circulação de "espécimes culturais" movimentando-se em cardumes que ora se misturavam, ora se repeliam, ora se suprimiam reciprocamente.

Dentre tantas iniciativas de institucionalização da pesquisa educacional naquele contexto, Gilberto Freyre aceitou o convite para dirigir o Centro Regional de Pernambuco evocando a amizade que tinha por Anísio Teixeira e a condição assumida de discípulo de Franz Boas. Em seu entender, isso lhe proporcionava as condições necessárias para oferecer um novo grau de compreensão a respeito das possibilidades que o cientista social encontraria na escola, no que tocava à cultura regional:

> [...] poderemos tirar partido dessa diversidade, em vez de ser por ela prejudicados. Poderemos tirar partido dessa pluralidade de tradições e de reservas culturais, construindo uma arte e até uma ciência que, mais do que as de qualquer outra civilização moderna, interpretem um homem que vem atingindo civilidade igual à européia sem repudiar sistematicamente a primitividade que o liga aos trópicos ainda agrestes; que lhe dá a oportunidade de compreender e de se fazer compreender por indo-americanos, asiáticos e africanos do mesmo modo que por europeus e anglo-americanos. Que outro povo está em melhor situação que o brasileiro para se fazer compreender por esses extremos, dos quais sua formação participa de modo tão raro? (Freyre, 1958, p. 108).

A infância arcaica, ora identificada com a movimentação migrante/imigrante das cidades, ora identificada com os regionalismos, ora identificada com comunidades complexas, quando localizada dentro da escola, ou seja, quando convertida em objeto das ciências sociais, provocava um ponto de fusão entre as múltiplas ações do trabalho antropológico em circulação e as perspectivas historiográficas abertas por Anísio Teixeira, quando se deteve a analisar as conseqüências históricas das transplantações culturais a que fôramos submetidos.

Quando Anísio Teixeira deu tintas finais a sua leitura da história da educação brasileira, timbrou a dualidade básica dessa sociedade: a cisão entre os propósitos proclamados e os gestos efetivamente feitos. Proclamou uma sociedade cindida em dois planos:

> [...] o real, com suas particularidades e originalidades, e o oficial, com os seus reconhecimentos convencionais de padrões inexistentes (Teixeira, 1962, p. 323-4).

Esse diagnóstico que apresentava uma dualidade básica a ser compreendida, identificada e superada na sociedade brasileira, tornou-se uma espécie de território interpretativo comum entre Anísio Teixeira e quase todos os pesquisadores que passaram pelo Centro Brasileiro de Pesquisas Educacionais. Dois exemplos marcantes dessa comunhão interpretativa podem ser reconhecidos nos livros *Dois brasis*, de Jacques Lambert, e *Brasil: terra de contrastes*, de Roger Bastide.

A escola, reconhecida como portadora de cultura própria, tornava-se também depositária de um conjunto cultural relacionado à infância considerado afeto a um tipo particular de arcaísmo.

Esse arcaísmo comparecia no conjunto das análises que se entrecruzavam em reedições constantes da imagen durkheimiana das "formas elementares" de vida, ainda que o próprio Durkheim fosse uma referência teórica misturada a muitas outras, inclusive as que rejeitavam sua sociologia.

De certa forma, o esforço investigativo partilhado por tantos intelectuais e instituições diferentes organizava uma exposição da infância educanda no Brasil tomando por base os circuitos de sociabilidade que a escola urbana dispunha dentro de si, como realidade cultural auto-estruturada. Esse relicário de imagens não deixava de prestar contas, direta ou indiretamente, aos conteúdos expressos por Gilberto Freyre tanto em *Casa-grande & senzala* quanto em *Sobrados & mocambos*.

A criança, o jovem, a família e os trabalhos considerados arcaicos, rústicos ou, pelo menos, não modernos, só conseguiam marcas de sobrevivência dentro das "zonas de confraternização", locais simbólicos ou reais nos quais os antagonismos se enveredavam pelas tréguas e armistícios que a realidade oferecia no variável e invariável do cotidiano.

Era como se, no frenesi da metrópole, passasse também a fazer sentido a leitura freyreana sobre as cidades de meados do século XIX:

> [...] É verdade que, ao mesmo tempo que se acentuavam os antagonismos, tornaram-se maiores as oportunidades de ascensão social [...] (Freyre, 2000b, p. 939).

A criança arcaica vista dentro da escola provocava um ponto de fusão entre a escolas antropológicas diversas, porque várias subsidiavam uma compreensão mais aprofundada da dualidade fundamental da sociedade brasileira. Nos trabalhos de acadêmicos preocupados em diferenciar assimilação da aculturação, o contato cultural da mudança cultural provocada, o sincretismo da pluralidade, fundiam-se todas aquelas imagens e pressupostos investigativos, gerando uma impressão compartilhada de que a sociedade brasileira era portadora de uma singularidade cultural ainda não de todo compreendida.

Deve-se reconhecer que aqueles "traficantes do simbólico", nas palavras de Mariza Corrêa ao se referir a Pierson e Willems, fizeram emergir uma criança que, de certa forma, sintetizava, em sua adaptação autodissolvente, um pouco das agruras de uma sociedade que, até então, não havia resolvido seus descompassos econômicos, sociais e culturais. A ponta mais frágil só permanecia porque estava desaparecendo na ponta mais forte.

Mistura, continuidade e dissolução. Estamos falando da criança rústica na escola moderna. Em relação a esse tema, aqueles investigadores devem ser elogiados, a despeito de qualquer discordância em relação a seus diagnósticos, porque, quando conceberam a relação entre escola e laboratórios de antropologia cultural, não reeditaram práticas de mensuração, aferição e classificação. Deixaram para trás a régua que faz da diferença uma anomalia, o que, em geral, não era a regra.

4

Da idéia de estudar a infância no pensamento social brasileiro: a contraface de um paradigma

1. Este capítulo apresentará o percurso de uma idéia de infância articulada pelo sergipano Manoel Bomfim e que, no transcorrer de sua trajetória intelectual, transformou-se até adquirir uma forma singular.[1] Pronunciada inicialmente num discurso intitulado: O respeito à criança, na Escola Normal do Rio de Janeiro, em 1906, sua concepção de pesquisa sobre a criança educanda passou por vicissitudes até encontrar a forma exposta no livro *Cultura e educação do povo brasileiro*, publicado em 1932. Essa análise buscará expor a narrativa do autor que já havia, então, publicado *América Latina, males de origem*, em 1905, até elucidar o contexto no qual passou a duvidar das possibilidades que a psicologia experimental poderia oferecer, no que diz respeito ao conhecimento científico sobre a criança em seus processos de aprendizagem escolar.

Essa dúvida de Manoel Bomfim esvaeceu-se no processo de reconstituição histórica da psicologia educacional brasileira relacionada à crian-

---

1. Agradeço imensamente a Luiz Paulino Bomfim pela generosidade com qual concedeu-me uma entrevista sobre Manoel Bomfim, seu avô, bem como pela riqueza do material que doou ao Centro de Documentação e Apoio à Pesquisa em História da Educação, CDAPH, do Programa de Estudos Pós-Graduados em Educação da Universidade São Francisco, sem o que este capítulo não teria sido escrito.

ça. Seus estudos de psicologia da aprendizagem tornaram-se um episódio fugaz na história da disciplina, no Rio de Janeiro. A atuação de Bomfim repousa no acervo de reminiscências da psicologia experimental, detalhado no cenário traçado por Lourenço Filho em seu texto *A psicologia no Brasil*, no qual a referência à obra do sergipano tornou-se uma dentre tantas evocações dos antecedentes da Escola Nova no Brasil, especificamente no que toca à relação entre psicologia da aprendizagem e a escolarização infantil (cf. Lourenço Filho, 1994, p. 301-41).

Tratado como "vestígio antecedente", Manoel Bomfim, de fato, deve ser analisado como contraface do momento seguinte, no qual Lourenço Filho, autor dos Testes ABC, passaria a pontificar nos condomínios da psicologia da educação brasileira.

Talvez a identificação das contrafaces de momentos e pessoas ícones da história da infância ou das disciplinas acadêmicas a ela relacionadas, seja reconhecida como a estratégia metodológica necessária para compor um movimento analítico complexo, o qual seja identificado como uma história das idéias sobre a criança.

Pode-se considerar que o reconhecimento desses "vestígios" que antecedem momentos ou obras consideradas marcos inaugurais têm oportunizado à história e à historiografia da criança o vislumbrar de outros ângulos de visada para a mesma e complexa questão: "como a criança é percebida pela sociedade a seu redor".

Uma comparação sucinta com a produção intelectual levada a efeito fora do Brasil, relacionada à questão da percepção social sobre a criança, pode ajudar a detalhar o procedimento metodológico aqui presente.

No cenário internacional, a obra de Philippe Ariès relacionada à história da criança ocupou a cena soberanamente por muito tempo e com todos os méritos. Em 1960, seu livro *L'enfant et la vie familiale sous l'ancien regime* tornou-se uma espécie de precursor das chamadas histórias sociais da criança e da família que seriam escritas nas décadas seguintes. Imediatamente aplaudido, e já de início criticado pelas generalizações que o autor arriscou tomando por base um conjunto de fontes por vezes considerado restritivo, esse trabalho, todavia, passou a ser uma referência quase que constante na historiografia da infância, conceito este por si só complexo. No mais das vezes, a remissão ao livro de Ariès, ainda que revelasse uma utilização parcial ou meramente ilustrativa por parte de quem o citava, revelava também a intenção comungada por muitos outros autores no sentido de trazer para dentro das próprias investigações o tema das etapas da vida social e seus reflexos na percepção coletiva sobre as mudanças de fase na vida infantil. Essa observação acerca de como determinada sociedade percebe ou ignora a criança não cessou de recriar-se, quer em continuidade ao autor francês, quer em direção oposta (cf. Áries, 1960 e 1962).

Especialmente, um argumento presente na interpretação dada por Ariès nesse seu estudo de *mentalité* causou impacto em outros estudiosos que se detiveram, mais tarde, a analisar o nascimento da moderna família e, em decorrência, da moderna percepção da criança e de suas necessidades. Esse argumento é o de que um homem do século XVI ou do século XVII provavelmente ficaria perplexo com a quantidade de exigências que a vida civil atual impõe às crianças desde seus primeiros momentos. Reporta-se ao fato de que, nem bem começa a falar, a criança, atualmente, já é direcionada à identificação de seu nome, de sua idade e de seus vínculos familiares, dentre tantas outras referências. O momento, analisado pelo futuro diretor da série História da vida privada, tinha circunstâncias sociais que proporcionavam um quadro de relações interpessoais, no qual a criança era quase que ignorada (cf. Ariès, 1962, p. 15).

O mesmo mote permitiu a Lawrence Stone escrever um livro decisivo sobre as mudanças na vida doméstica e nos hábitos individuais na Inglaterra, entre 1500 e 1800. A própria distinção geográfica encarecida pelo autor, que singularizou a experiência inglesa, deu início a um processo de reconhecimento, mas também de relativização do alcance da obra de Ariès.

De fato, o livro de Stone, *The family, sex and marriage in England: 1500-1800*, apontou o microcosmo da família como adequado laboratório de observação por parte do historiador às mais significativas mudanças culturais, com graduais mas intensas trocas de mentalidade ocorridas no nascimento da Idade Moderna (Stone, 1978, p. 23).

O autor vislumbrou a percepção familiar a respeito da criança e observou a lenta consolidação da partilha de critérios com que sua guarda, cuidado e educação foram se estabelecendo. A criança era, antes de tudo, um problema e uma candidata natural à morte prematura. Ressalve-se que o convívio quase conformado com a morte já fora descrito por Ariès. Entretanto, a matéria de maior complexidade para o analista inglês e sua sensível interpretação trouxe à luz uma economia de costumes capaz de revelar isso em riqueza de detalhes. Diz respeito a quanto a criança era considerada um problema nos dois primeiros anos de vida.

Na vestimenta infantil, com atenção ao impressionante hábito das *swaddling clothes*, pode-se perceber uma realidade sociofamiliar, cujo hábito de manter as crianças amarradas em suas roupas, impossibilitadas de expansão e de movimento, é revelador de um "estranhamento" em relação ao recém-nascido. O hábito de manter bebês excessivamente enrolados em seus panos, o que significava concretamente amarrá-los, correspondia a uma forma social de não-cuidado, que prevalecia sobre o cuidar-fazer-cuidar.

A essas interpretações consagradas com amplos méritos, Carmen Luke interpôs a questão dos antecedentes históricos à mesma problemática relatada tanto por Ariès quanto por Stone. Em seu estudo *Pedagogy, printing and protestantism: the discourse on childhood*, valendo-se das contribuições de Michel Foucault sobre práticas discursivas, a autora foi buscar os séculos XV e XVI na Alemanha para localizar o nascimento e a disseminação de um específico discurso sobre a infância, influenciado pela Reforma Protestante e também pela disseminação da imprensa. A autora trabalhou com a hipótese de que a percepção social sobre a criança já estava posta e, mais do que isso, já era uma questão permeada pelas transformações culturais próprias do século XVI (Luke, 1989).

Metodologicamente, a questão coloca-se da seguinte forma: os momentos que precedem as grandes sínteses têm estatura historiográfica própria. São reveladores, por isso mesmo, de uma densidade sociohistórica própria, que não se esgota na condição de antecedente de outra situação qualquer.

De forma semelhante ao que Luke (1989) fez em relação aos consagrados clássicos, este capítulo, particularmente, recuperará os estudos de Manoel Bomfim sobre a criança. Esses estudos serão analisados e expostos com o empenho de desgrudar obra e autor da condição de parte de um contexto que só se materializa como interesse historiográfico, enquanto "prenúncio de uma era", esta sim, representada como governada pela moderna ciência do conhecimento sobre a criança.

2. O sadio, o saudável, o mensurável

Manoel Bomfim, ainda que de forma fragmentária, em alguns momentos sinalizou a possibilidade de estruturar uma ciência da criança para além dos limites da antropometria e da eugenia. Estas, desde o século XIX, manifestavam-se em profusão e, já no século XX, continuavam a ser referências "epistemológicas" ao debate sobre a miscigenação que cortava a sociedade brasileira em todos os sentidos (cf. Schwarcz, 1987 e 1993).

Deve-se trazer à lembrança que a psicometria e a pedagogia experimental, no Brasil, desdobravam-se das ações laboratoriais produzidas sob a cura da antropologia, de certa forma também interpretada como uma ciência capaz de organizar a ação da medicina enquanto "ciência da sociedade" (cf. Corrêa, 2001). O encontro dessa ciência com a psicologia experimental tornou a criança e o homem miscigenado objetos de práticas laboratoriais destinadas a aferir possibilidades e, principalmente, impossibilidades das pessoas diante dos imperativos da civilização.

Um exemplo significativo da institucionalização dessas práticas de experimentação foi o Gabinete de Psicologia e Antropologia Pedagógica, um anexo da Escola Normal Secundária de São Paulo. Esse Gabinete, desde 1914, passou a abrigar um laboratório de pedagogia experimental, o qual recebeu o impulso das ações propostas no âmbito educacional por Oscar Thompson, dentre as quais o convite para que o italiano Ugo Pizzoli, diretor da Escola Normal de Módena, implantasse um "modelo" de fazer pedagogia experimental em São Paulo (cf. Carvalho, 2001, p. 292).

A esse respeito, Marta Carvalho fez os seguintes comentários, quando analisou a estrutura de um curso oferecido naquele laboratório e que serviu de apoio à publicação do texto de Thompson emblematicamente chamado *O futuro da pedagogia é científico*:

> Esse curso dá origem a uma publicação que reúne as "teses" estudadas pelos professores que assistiram a ele, o relatório de Pizzoli sobre seu andamento e um discurso de Oscar Thompson, "o futuro da pedagogia é científico", seguido da descrição do Gabinete de Antropologia e Psicologia Pedagógica, ilustrada por numerosas gravuras. A publicação incluía, ainda, um modelo da Carteira Biográfica Escolar elaborada por Pizzoli.
> O manuseio e a leitura do livro organizado por Pizzoli provoca, em um primeiro contato, uma reação de estranhamento. A montagem de uma pu-

blicação especial para fazer ver o Gabinete, com seus inúmeros equipamentos, asceticamente alinhados em mobiliário austero, com seus alunos e professores circunspectamente envolvidos, como agentes ou pacientes, em experiência de medição, leva à pergunta: por que exibir tão pormenorizadamente esses instrumentos e essas práticas de medição? Mas leva também a indagar sobre o sentido das práticas que o livro detalhadamente exibe. Por que tanto afã de medir? O que terá sido tentar fazer da pedagogia uma ciência, nessas práticas de medição? (Carvalho, 2001, p. 293-4).

A confluência entre o cientificismo que acompanhou a instalação de instituições republicanas no Brasil, especialmente as escolares e de saúde, e o destaque que os temas raça, higiene e sanitarismo recebiam nas mais diversas frentes intelectuais de análise da sociedade, tornava quase natural a impressão de que, no âmbito da educação da criança, a aferição estatística era uma necessidade metodológica e que, como corolário, a psicologia experimental deveria ser o desaguadouro previsível de uma ciência para sua educação e conhecimento.

De forma peculiar, as concepções de pedagogia que passaram a presidir a institucionalização de procedimentos laboratoriais relacionados à criança tornavam a expressão "antropotecnia" plena de sentido e de significação.

Claude Blanckaert localizou o programa publicado em 1918 no *Journal of physical anthropology* que permitiu a Ales Hrdlicka definir, no ano seguinte, a "antropotecnia como um sistema de mensurações do corpo humano" (Blanckaert, 2001, p. 146).

O que Hrdlicka proporcionava, na ocasião, era a definição em termos mais amplos dos objetivos científicos relacionados ao empreendimento de localizar o lugar biológico do ser humano na natureza conforme a particularidade de seu componente racial (Blanckaert, 2001, p. 146).

Esse movimento de definições e de conceituações herdava uma tradição interpretativa iniciada por Paul Broca na Societé d'anthropologie de Paris, em 1859. Essa foi, aliás, a pedra fundamental das técnicas de aferição craniométricas. Passam a derivar de tais técnicas as observações acerca das possibilidades ou das impossibilidades de todos diante das exigências civilizatórias. Nesse sentido:

[...] Desde seu nascimento, a antropometria procedeu de outras exigências quase obsessionais relativas à vitalidade geral das populações. Daí vem o interesse pela demografia, pelas condições sanitárias das cidades e dos campos, das fusões étnicas que configuraram velhas nações e dos riscos de decadência biológica que arruinaria sua marcha progressiva em direção à civilização [...] O saber acumulado poderia indicar as tendências evolutivas atuais e futuras. A antropologia abre-se então para a prospectiva. Ela possuiria vocação para orientar as escolhas políticas no que diz respeito à legislação, à regulação das populações e sua saúde (Blanckaert, 2001, p. 148-9).

No mesmo ano em que a República fora proclamada no Brasil, em Paris a Association pour l'avancement dês sciences acolheu a redefinição que Leonce Manouvrier ofereceu à antropotecnia, tornando-a uma ciência vocacionada a dirigir a humanidade. Ressalve-se, contudo, que o próprio Manouvrier distanciou-se, mais tarde, dos conceitos que ajudou a difundir, à medida que, amparado em Lamarck, passou a considerar as influências do meio sobre cada pessoa. Em sentido oposto, na defesa intransigente da antropotecnia, prosseguiu Cesare Lombroso tornando-se um ícone na história da relação entre antropologia e criminologia. Entre Manouvrier e Lombroso há uma cisão significativa. O primeiro distanciou-se da própria tradição que ajudou a criar, tornando-se crítico dos excessos da mensuração. O segundo fez uma apologia da métrica que viria a reforçar inúmeras manifestações sociológicas de racismo e especulações a respeito dos supostos benefícios da eugenia (cf. Blanckaert, 2001; Corrêa, 2001; Freitas, 2001).

Diante de tais antecedentes, de que maneira se pode interpretar a afirmação de Thompson de que o futuro da pedagogia deveria ser científico?

A ciência da pedagogia amparada na pedagogia do cientista representava, também, a indicação de uma direção a ser tomada pela sociedade como um todo. Das mais variadas matizes interpretativas provinham opiniões segundo as quais seria necessário fazer da ciência e da instrução instrumentos preparados para oferecer à sociedade uma direção que a distanciasse do próprio passado. Quanto ao futuro, seria necessário engendrar um tipo de modernização de cunho urbano-industrial, produto e produtora de um *ethos* de civilidade pautado em uma nova disciplina social, remodeladora e, em todos os aspectos, saudável. O ponto de partida era a criança.

Regenerar o país mediante a aplicação de novas técnicas de abordagem das aptidões credenciava também médicos e psiquiatras, que se envolviam com a questão educacional, a propor a transformação da sociedade em uma realidade mensurável. Fortalecia-se o papel estratégico do olhar clínico sobre o país que misturava ciência, antropotecnia e medicina legal com políticas de reconstrução social (Corrêa, 2001). Nesse contexto, a força das retóricas higienistas, no Brasil, pode ser explicada recorrendo-se a um conjunto complexo e heterogêneo de fatores.

A métrica revestia-se da condição de instrumento verificador dos "danos da mestiçagem", e o higienismo tornava-se condição para a afirmação de uma ciência missionária, imbuída da missão de converter um país arcaico e doente num país moderno e saudável. O laboratório de aprendizagem e o laboratório de patologia são primos nesse contexto. Ambos, o interior a ser urbanizado e a urbe a ser convertida em metrópole moderna, estavam sob a cura das iniciativas que confundiam ciência com desvelamento da realidade. Mensurar as capacidades, sanear e dar argumentos científicos às hierarquizações da sociedade eram gestos intelectuais conexos, diante de uma República permanentemente atacada como incompleta e considerada abaixo das expectativas de todos os republicanos.[2]

Esse cenário, no qual ciências de aferição e estratégias higienistas misturam-se no trato da criança, será constante desde a chegada da República[3] e perdurará, sofisticando-se,[4] na "era Vargas". Será importante, ao final, compreender o "diferencial Bomfim" no transcorrer desse percurso.

---

2. O decisivo estudo de Nísia Trindade Lima, *Um sertão chamado Brasil*, revela em detalhes as muitas faces dos projetos de "regeneração" nacional mediante a ação médica. Observe-se o seguinte exemplo: "As viagens realizadas pelos cientistas do Instituto Oswaldo Cruz durante o primeiro período republicano contribuíram para compor um retrato das áreas do interior em que as doenças são identificadas como a característica básica da nacionalidade. Esse é o principal tema do movimento pelo saneamento rural, que alcançou visibilidade no final do ano de 1910. [...] O mais importante é perceber como uma perspectiva médica de olhar para os sertões brasileiros transforma-se numa questão da cultura e da política compartilhada por diferentes intelectuais e outros atores sociais" (Lima, 1999, p. 91).

3. A presença das idéias positivistas nesse contexto é um dado já analisado com riqueza de detalhes. A título de exemplo, ver Monarcha, Carlos. Escola normal da praça: o lado noturno das luzes. Campinas, Editora da Unicamp, 1999.

4. Essa sofisticação estará diretamente associada à atuação de Manoel Bergstron Lourenço Filho.

Da mesma forma que os laboratórios de antropologia educacional ou de psicologia experimental eram apresentados como precursores de uma ciência da educação da infantil, o higienismo foi também convertido em ciência precursora da organização do sistema público de ensino.

Para citar apenas um exemplo, vale lembrar da publicação da obra de Oscar Clark, anos mais tarde, em 1937, batizada de *O século da creança*, que se tornou, nesse sentido, um ícone de quanto a população de 0 a 14 anos estava submetida às multifaces de um processo de "cura" do país, bem como à longevidade daqueles princípios higienistas.

O influente tisiologista, com ampla circulação entre educadores e autoridades relacionadas à filantropia, ofereceu um tratado a respeito dos hospitais e das escolas pensadas, ambas as instituições, como agentes da civilização. Seu projeto assentava-se na proposta de espalhar aldeias educacionais pelo país, tornando-as "hospitais-escola" (Clark, 1940, p. 9). O autor, inclusive, não se escusava da missão de sintetizar às autoridades o significado mais profundo do movimento de propagação da idéia de escola ativa. Sua síntese era enxuta: "escola ativa é escola baseada na fisiologia" (Clark, 1940, p. 21).

Entender a criança em meio àquele acervo de imagens sobre saúde e educação significava conhecê-la após a proclamação de diagnósticos médicos ou psicopedagógicos. Significava, também, confundir a natureza das instituições conforme a variação no entendimento a respeito das funções reservadas a cada uma:

> [...] só agora compreendemos que medicina é biologia aplicada; que educação é tudo o que protege o desenvolvimento harmônico do organismo; que Educação é, portanto, sinônimo de Saúde Pública (Clark, 1940, p. 21).

A escola pública passou a ser identificada com um campo de ação da organização sanitária moderna (Clark, 1940, p. 111 e 135). A escola primária, em especial, foi representada como instrumento necessário para o cuidado do corpo e da alma da criança (Clark, 1940, p. 110), por meio do que a aferição das potencialidades cognitivas, somada ao diagnóstico das deficiências orgânicas, resultou na conversão da infância em metáfora da nação a ser reexaminada e tratada conforme os ditames da nova "ciência mãe":

Instrução, educação sanitária, educação física, alimentação, higiene do ensino e das oficinas de trabalho, escolha de profissão, salário, higiene da habitação, serviços de saúde pública, organização de clubes sociais, horas de trabalho e de repouso, organização hospitalar, exames médicos preventivos, férias, assistência médica, social, moral e eugênica, toda organização do mundo moderno, em suma, repousa sobre os conhecimentos médicos (Clark, 1940, p. 67).

O conhecimento médico era freqüentemente absorvido em outros projetos de educação moral. Misturando-se às propostas de entretenimento popular, o cuidado para com a higiene mesclava-se às indicações para o cuidado com a formação de um conjunto sólido de idéias, princípios e responsabilidades por parte de cada criança.

A própria trajetória de Manoel Bomfim, médico de origem, envolveu-se em diversas circunstâncias com os "mitos da formação sadia", feliz expressão cunhada por Zita de Paula Rosa na análise da trajetória da revista *O tico-tico* — da qual participou ativamente Bomfim —, e uma publicação voltada para a criança, mas se deve salientar: para a criança leitora.

Entremear moral com higiene e formação intelectual foi o objetivo de inúmeras publicações nascidas com o século XX. Dois exemplos significativos foram *A revista da semana* e, com maior repercussão, *O malho*, que iniciaram a publicação de contos para crianças adaptados da literatura européia (Rosa, 1991, p. 13-4).

Lançada em outubro de 1905 por Luis Bartolomeu de Souza, diretor editorial de *O malho*, a revista *O tico-tico* existiu por cinqüenta e cinco anos, e sua tiragem oscilou entre vinte e cem mil exemplares (Rosa, 1991, p. 15).

O envolvimento de Manoel Bomfim com os empreendimentos destinados a organizar uma literatura e uma imprensa especificamente voltadas para a criança foi constante em sua trajetória intelectual e política.

Deve-se registrar que a atuação de Bomfim no projeto *O tico-tico* ofereceu ao médico sergipano mais uma oportunidade para associar a busca de um entretenimento saudável para o educando com os próprios objetivos científicos relacionados à psicologia da aprendizagem. Aliás, a associação entre atividades lúdicas e disseminação de testes de inteligência foi uma constante na história desse impresso.[5]

Muitos passatempos criados nas páginas da revista eram adaptações de testes psicológicos destinados a aferir diferentes níveis de capacitação intelectual. Em meio a um conjunto renovado de ilustrações, a publicação inovava ao oferecer brinquedos para armar, tais como ambulâncias de papel e bondes, cuja montagem completa exigia o acompanhamento semanal da revista até que todos os detalhes estivessem completos. O mesmo se dava com as fábulas exibidas em suas páginas, divididas em seriados, com o objetivo de prender a atenção do pequeno leitor.

As ciências da aferição voltadas à educação estavam presentes, mais uma vez, ainda que numa revista de entretenimento. A identificação da "típica" criança brasileira era uma dificuldade teórica e empírica instransponível aos intelectuais voltados ao estudo dos diferentes níveis de aprendizagem. Assim como o país, tudo relacionado à infância sugeria diversidade. Ocorria que se dirigir ao tipo considerado sadio, engendrar esforços para mantê-lo saudável e, acima de tudo, monitorar e medir suas capacidades significava, muitas vezes, exigir que a métrica fosse também uma espécie de manual de instruções para edificar uma nova civilização. Em um momento cronológico anterior à oficialização da Universidade, no Brasil, justamente por isso cristalizado em muitas reconstituições históricas como um momento "pré-científico", as atividades derivadas dos laboratórios de antropologia e de psicometria, a sua maneira, imbuíam a todos da tarefa de buscar no passado as causas dos males que enfrentavam e que se expressavam em diagnósticos que atestavam o "desnivelamento" entre pessoas, particularmente entre crianças educandas.

---

5. Uma nota muito elucidativa foi trazida por Rosa a esse respeito: De 1910 a 1930, o número de testes diversos formulados para medir conhecimento concreto, memória, rendimento, habilidade, atitudes e aptidões alcançou proporções extraordinárias. Desde então, a mensuração se expandiu continuamente, utilizada em conexão com a escolha de estudos, ingresso em escolas, colocações profissionais, revelação de aptidões e nas atividades educacionais (ANASTACI, Anne. *Testes psicológicos*: teoria e aplicação. São Paulo, Herder/Edusp, 1965, p. 3-22, apud ROSA, Zita de Paula. *O tico-tico*: mito da formação sadia. São Paulo, Universidade de São Paulo, Tese de Doutoramento, Departamento de História, FFLCH, 1991, p. 191).

3. Psicologia experimental: alguns itinerários

Mortatti, nas ocasiões em que analisou os *Testes abc — para verificação da maturidade necessária à aprendizagem da leitura e escrita*, de Lourenço Filho, publicado pela primeira vez em 1934, assinalou, na obra, o "ato fundador de um discurso científico" (cf. Mortatti, 1997, p. 88 e 1999, p. 141ss). Segundo a autora, o método dos *Testes abc* tornou-se uma síntese do pensamento de Lourenço Filho e foi, para além disso, um componente decisivo na constituição da alfabetização como objeto de estudo (Mortatti, 1997, p. 60). A proposta de Lourenço Filho assentava-se na verificação dos diferentes níveis de maturidade existentes em classes heterogêneas, nas quais se podia observar e aferir as variações nas velocidades individuais de aprendizagem (Mortatti, 1997, p. 60).

Não resta dúvida de que determinados escritos de Lourenço Filho, como os *Testes abc* e também o *Introdução ao estudo da escola nova*, revestiram-se da condição de ato fundador, ora da cientificidade de uma prática de aferição, ora do "lugar" da psicologia diante da pedagogia (cf. Lourenço Filho, 1929 e 1934).

É necessário considerar, também, que Lourenço Filho operava constantemente com a memória das disciplinas, às quais sua ação inovadora conferia formato adequado para atender as exigências que suas convicções expressavam em seus escritos. O ponto alto dessa "formatação" deu-se quando, a pedido de Fernando de Azevedo, escreveu o já mencionado *A psicologia no Brasil*, para o projeto As ciências no Brasil (cf. Lourenço Filho, 1994).

Não está em curso, na argumentação expressa neste capítulo, a tentativa de desautorizar a síntese elaborada por Lourenço Filho. Não se intenta, igualmente, renegar a projeção que deu aos estudos de psicologia da educação. Vale lembrar o movimento sugerido no início do texto e que consiste em localizar, nas chamadas "pré-histórias" e nos "vestígios antecedentes" dos momentos que se fizeram atos fundadores, imagens decisivas para a recomposição da história da criança, no Brasil, e, mais especificamente, da presença das ciências relacionadas ao tema no pensamento social brasileiro. A direção metodológica, tal qual formulou Luke em relação a Ariès e Stone, é o da verificação da forma, pela qual, ainda que discursivamente, a questão já estava posta num momento anterior ao dos atos fundadores.

A educação e o currículo escolar foram instâncias decisivas para que os estudos de psicologia, no Brasil, obtivessem autonomia em relação às ciências médicas, dentre elas especialmente a psiquiatria.

Para fora dos laboratórios e hospitais, a análise do comportamento da criança proporcionava a aproximação dentre os temas da psiquiatria e as normatizações da ciência jurídica. A vulgarização do "conceito legal" de menor de idade é uma evidência desse convívio.

Lourenço Filho assinalou que

> Por via da criminologia, da psiquiatria forense ou, mais amplamente, da psicologia judiciária, todas cultivadas na medicina legal, passaram os juristas a receber influências das teorias psicológicas (Lourenço Filho, 1994, p. 304).

Como mencionado no capítulo 2, Londoño localizou a preocupação com a definição conceitual do menor em vários episódios do século XIX e concluiu que, na década de 1890, a expressão já fazia parte do vocabulário jurídico brasileiro (cf. Londoño, 1992, p. 132). Os laudos técnicos e o acervo de representações jurídicas e psiquiátricas relacionadas à descrição, à tipificação e ao enquadramento das patologias sociais que envolviam o menor de idade, proporcionaram a migração do sentido social atribuído ao adjetivo menor, o qual deixou de ser um marco cronológico para tornar-se uma referência entre a lei e a criança autora de delitos (Londoño, 1992, p. 142).

A acentuada influência que o positivismo exerceu sobre os primeiros atos republicanos relacionados à educação e à organização das instituições escolares foi decisiva, também, para que a educação se tornasse um "campo de ação" propício à psicologia e fundamental para que esta se tornasse autônoma em relação às ciências médicas. Também Antunes, em seu estudo sobre a constituição histórica da psicologia no Brasil, assinalou que a Reforma Benjamin Constant foi importante para os rumos da psicologia no país, à medida que a substituição do humanismo clássico pelas tendências cientificistas ocasionou, dentre outras, a substituição da disciplina filosofia pelas disciplinas psicologia e lógica (cf. Antunes, 1999, p. 67-8, e Lourenço Filho, 1992, p. 313).

O que chama a atenção no estudo de Antunes, especialmente para as pretensões deste capítulo, é a abundância de exemplos pelos quais se pode perceber o quanto as Escolas Normais e seus laboratórios de psicometria colaboraram na construção da ponte entre as primeiras iniciativas republicanas, em que a psicologia do comportamento encontrou seu lugar "para fora" das ciências médicas/psiquiátricas, e o ciclo de reformas da década de 1920, depois do qual os chamados "escolanovistas" mantiveram a psicologia como ciência instrumental e precursora da pedagogia, cenário ocupado quase que integralmente por Lourenço Filho (cf. Antunes, 1999, p. 70-72).[6]

Diante da história da constituição desse campo disciplinar, no Brasil, Lourenço Filho localizou Manoel Bomfim no passado das próprias práticas científicas e o arrolou no rol de precursores do encontro entre psicologia e educação.

É interessante observar que Manoel Bomfim, quando enfronhado nos estudos de psicometria, sentiu-se incomodado com a "redução" da psicologia às necessidades da pedagogia. Mais tarde, observaremos que seu incômodo dar-se-á justamente no sentido inverso.

Penna recolheu a seguinte observação de Bomfim no livro *Lições de pedagogia*:

> Desde que se criou a cadeira de Pedagogia na Escola Normal, há 18 anos (portanto, em 1897) foi ela desdobrada em dois cursos: um preparatório, de Psicologia, feito na 3ª série e o de Pedagogia e Metodologia, lecionado na 4ª série [...]. A última reforma, regulamentada há menos de um ano (portanto, em torno de 1914) reduziu taxativamente as duas disciplinas a um só curso, ensinando em um ano, com a recomendação explícita — de que a parte de psicologia se reduziria à noções perfunctórias [...]. Há tanta propriedade em fundir a psicologia na pedagogia como em fazer desaparecer a ciência da fisiologia na arte da Higiene (Bomfim apud Penna, 1992, p. 66).

---

6. Os exemplos são confirmados também no estudo *História da psicologia no Rio de Janeiro*, de Antonio Gomes Penna. Nesse campo de investigação, o estudo de Lourenço Filho *A psicologia no Brasil* é a referência, mais constante, ocupando, entre educadores, papel semelhante que *A cultura brasileira*, de Fernando de Azevedo, ocupa no que toca à reconstituição do "nexo histórico" entre o passado de determinadas práticas investigativas e educacionais e o contexto de renovação proporcionado pelo próprio autor do estudo.

Lourenço Filho evocou a importância da atuação de Manoel Bomfim no laboratório de psicologia do Pedagogium e, mais tarde, na cátedra assumida na Escola Normal do Rio de Janeiro, com a colaboração de Plínio Olinto. Alguns dos estudos levados a efeito naquela ocasião, pontuou Lourenço Filho, foram publicados na revista *Educação e pediatria* (Lourenço Filho op. cit., p. 313-4).

Contudo, ao enfatizar que a atuação de Bomfim correspondia à marca de um tempo no qual o conhecimento médico justificava a ação daqueles profissionais nos experimentos educacionais, Lourenço Filho remeteu a história da psicologia educacional a um marco de ruptura ocasionado por ele mesmo, quando passou a enunciar o que era a Escola Nova, atuando como reformador e pesquisador. Ainda que viesse a reconhecer a importância dos estudos de medicina para a concretização de suas aspirações, o valor que se auto-atribui está relacionado à percepção do lugar de proeminência da psicologia em relação à pedagogia.

Lourenço Filho coloca-se como sucessor e discípulo de Sampaio Dória[7] e se refere a si mesmo com as seguintes recordações:

> Nessa corrente de idéias, M. B. Lourenço Filho (1897), seu discípulo (de Sampaio Dória, MCF), começa a lecionar psicologia na Escola Normal de Piracicaba, em 1920. Lecionando também num colégio particular, mantido por uma fundação norte-americana, aí toma mais largo contato com livros de psicologia educacional procedentes dos Estados Unidos, e passa a realizar uma série de pesquisas com o emprego dos testes, de que publica os primeiros resultados em 1921. No ano seguinte, aceita a incumbência de reformar o ensino no Ceará; prossegue em Fortaleza suas investigações, havendo montado um pequeno laboratório na Escola Norma dessa capital, para estudo biológico e psicológico dos escolares. A circunstância de haver feito os primeiros anos do curso de medicina talvez haja influído para essa orientação que, com mais intensidade, viria a propagar, de regresso ao seu estado, em 1925, quando então sucede a Sampaio Dória, na cátedra da Escola Normal (Lourenço Filho, 1992, p. 314).

Manoel Bomfim faz parte de um contexto no qual a influência norte-americana não é, ainda, um dado a ser registrado nos tratados de psicolo-

---

7. A Sampaio Dória se deve, na bibliografia pedagógica brasileira, a primeira menção dos testes mentais, muito embora não os houvesse praticado sistematicamente (Lourenço Filho, 1992, p. 314).

gia experimental. Sua fonte primeira de estudos nesse campo foi Alfred Binet.

Bomfim pode ser identificado com o pensamento republicano, inconformado com a origem e com os rumos da república brasileira. Pode ser reconhecido entre os autores nacionalistas da Primeira República, mas deve ser dissociado das prédicas que levantavam as bandeiras da "vocação agrícola" do país. Sua fala não pode ser confundida, igualmente, com o ardor ufanista das propostas das Ligas nacionalistas.

Um elemento significativo a ser evocado para distinguir Bomfim dentre os demais é o antimilitarismo que sustentou a vida toda. Para além disso, o conjunto de seus escritos o diferenciou de alguns de seus pares mais próximos, como Alcindo Guanabara, no campo das idéias econômicas, e Olavo Bilac, no campo das considerações sobre o "papel educativo" do exército. Mas o grande diferencial, em sua obra, é a criança.

4. A ciência e a criança segundo Manoel Bomfim

As experiências laboratoriais tocam diretamente a questão racial, no Brasil, porque muitas das ações levadas a efeito nesse espectro de ação ocorreram sob a cura da máxima de Nina Rodrigues: "o negro é, antes de tudo, objeto de ciência".

A institucionalização social e cultural das práticas de experimentação, ao mesmo tempo que possibilitou, já de início, amplas interfaces entre antropologia, medicina legal, educação e psicometria, também colaborou para que houvesse uma imbricação entre o tema miscigenação e a necessidade manifesta, em muitos círculos intelectuais, de posicionar o país em relação ao próprio passado. Em vários episódios da história republicana brasileira, a ciência assumiu funções redentoras. Nesse sentido, as idéias de ciência e criança/infância articuladas por Bomfim são devedoras, de alguma forma, à historiografia que ele mesmo ajudou a elaborar.[8]

---

8. Nesse particular, a referência mais direta são as obras *América Latina*: males de origem; *O Brasil nação*: realidade da soberania brasileira; *O Brasil na América*: caracterização e formação brasileira; *Brasil na história*: deturpação dos trabalhos, degradação política. No excelente estudo que produziu sobre Manoel Bomfim, Ronaldo Conde Aguiar observa, nas indicações bibliográficas,

Aguiar sustenta com propriedade que Bomfim não deve ser considerado um homem "fora de seu tempo". Ao contrário ele é uma expressão intelectual vigorosa que respondia, até com alguma dramaticidade, às questões suscitadas no próprio contexto com o qual conviveu (cf. Aguiar, 1998). É extraordinária e digna de registro, contudo, sua recusa às homologias entre biologia e sociedade e sua visão generosa dos benefícios da mestiçagem no âmbito da cultura brasileira, antecipando, nesse caso, elementos do argumento base de Gilberto Freyre, quando da publicação de *Casa-grande e senzala*.

Pode causar alguma estranheza o elogio à recusa aos argumentos que diluíam a sociedade nas regras da biologia, uma vez que *América Latina, males de origem*, talvez seu livro de maior repercussão,[9] tinha por alicerce o conceito de parasitismo, o que permitiu a Flora Süssekind e Roberto Ventura cogitarem da existência de uma "teoria biológica da mais-valia" na obra de Bomfim (apud Candido, 1990, p. 10).

O conceito de parasitismo apresentado no livro foi o instrumento discursivo com que Bomfim criticou a experiência colonizadora pela qual o Brasil havia passado e que havia gerado um país privado (cf. Bomfim, 1993, p. 139), proporcionando a experiência da degradação mediante a centralidade que a violência da escravidão adquiriu na sociedade como um todo (Bomfim, 1993, p. 147).

É importante anotar que o livro de Bomfim apresentou-se como um libelo de protesto ao tipo de regime republicano em curso no Brasil. Deve-se reter o fato de que o mote da reconstrução republicana direcionou vários esforços intelectuais à atenção à infância e ao zelo pela identificação e reelaboração da individualidade infantil,[10] naquele contexto em que se pedia

---

a importância de textos de Bomfim relacionados à crítica à Revolução de 1930; aos fascismos e sua empolgação com a Revolução mexicana, desconsiderados na coletânea *O Brasil*, dedicada a Bomfim, publicada em 1935, por Carlos Maul (cf. Aguiar, 1998).

9. Essa repercussão lhe valeu, inclusive, uma ruidosa polêmica com o beligerante Silvio Romero (cf. Ventura, 1991).

10. Kuhlmann Jr., ao analisar a história da pré-escola no final do século XIX, observou que a educação da infância e os temas da moralização e do controle social já estavam significativamente relacionados. O autor comentou que: "No Brasil escravocrata de 1883, que lentamente caminhava para a abolição dessa relação de trabalho, Menezes Vieira considerava que o jardim de infância deveria cumprir um papel de moralização da cultura infantil, na perspectiva de educar para o contro-

a "refundação" da república mediante o aumento da oferta de escolarização (Bomfim, 1993, p. 330).

Na defesa intransigente da universalização da instrução primária obrigatória, foco de polêmicas com os positivistas, Manoel Bomfim projetou-se como pesquisador da individualidade infantil em relação aos processos de aprendizagem. Mais do que educador, a conjunção de interesses pela história e pela psicologia o converteu em "cientista da educação da criança".

O envolvimento mais constante com a educação deu-se na esfera de atuação do Pedagogium. Essa instituição foi concebida, inicialmente, como museu pedagógico e surgiu no âmbito das realizações propostas por Rui Barbosa, quando o jurista elaborou o parecer Reforma do ensino primário, em 1882, com o objetivo de fornecer elementos comparativos à reforma de ensino Rodolfo Dantas (cf. Barbosa, 1947).

A fundação efetiva do Pedagogium deu-se já sob a República, em agosto de 1890, sob a cura das iniciativas educacionais levadas a efeito por Benjamin Constant. Contudo, suas dificuldades orçamentárias e sua vinculação, em 1892, com a municipalidade do Rio de Janeiro, restringiu seu campo de ação e sua capacidade de influenciar os rumos da educação nacional tal qual fora imaginado ao início.

Manoel Bomfim assumiu a direção do Pedagogium em março de 1897. Esteve à frente da instituição até seu fechamento em 1919, com um intervalo longo de ausência entre 1905 e 1911 motivado, principalmente, pelas atividades políticas com as quais se envolveu. A partir de dezembro de 1898, assumiu também a direção da Instrução Pública do Rio de Janeiro. Isso fez com que Olavo Bilac fosse chamado a compartilhar a direção do Pedagogium em 1899, permanecendo até 1900 quando Bomfim retornou à direção e às aulas da Escola Normal. Nesse ínterim, os estatutos foram mudados, e a Diretoria Geral da Instrução Pública passou a subordinar a seus cuidados orçamentários as atividades do Pedagogium.

Aguiar (1998, p. 143). teceu o seguinte comentário a respeito da atuação de Bomfim como diretor:

---

le social, preocupado que estava com os conflitos espelhados em suas brincadeiras" (Kuhlmann Jr., 2001, p. 15-6). Em relação a este tipo de perspectiva o trabalho de Manoel Bomfim, como se verá adiante, será radicalmente diferente.

O exame de um conjunto de documentos e ofícios relativos ao Pedagogium indica que, pelo menos, duas dinâmicas opostas e divergentes coexistiam na instituição: de um lado, a constante escassez de recursos e gente, agravada pelo envelhecimento precoce das instalações físicas do prédio; de outro, o ânimo permanente de Manoel Bomfim no sentido de elevar o Pedagogium à condição de um centro de estudos e pesquisas de elevado porte.

Apesar da precariedade de recursos, as responsabilidades de Bomfim junto ao Pedagogium, somadas às atividades docentes com as quais se envolveu, proporcionaram ao pesquisador a oportunidade de observar a criança educanda. Ambas, vida profissional e produção intelectual, permitiram a ele conceber uma ciência da educação capaz de, ao mesmo tempo, expressar a importância do respeito à individualidade da criança e a necessidade de fazer desse respeito a razão de ser escola republicana.

Em 27 de setembro de 1906, na condição de Diretor Geral da Instrução Pública e de professor da Escola Normal do Rio de Janeiro, Manoel Bomfim pronunciou o discurso de paraninfo junto às normalistas da turma de 1905. Nessa ocasião, proclamou enfaticamente a necessidade do respeito à criança.

Esse foi o momento, em sua trajetória, em que iniciou o processo de fundação de uma concepção de infância, cujo ponto de partida era a negação do caráter autoritário e dogmático com o qual a escola habitualmente tratava o educando (Bomfim, 1906, p. 15).

Bomfim estabelece, desde o início de sua fala, uma contundente crítica à centralidade que o professor tinha em relação aos procedimentos de transmissão da cultura já institucionalizados na educação escolar.

A essência da relação professor/aluno consistia, a seu ver, em

> [...] Considerar a criança um ser sem vontade e substituir o seu querer, o seu julgamento e a sua consciência pela vontade, discernimento e consciência do educador. A criança é um cego: menos que um cego — um autômato. Exige-se o ato, sem levar-lhe a convicção da sua vantagem; impõe-se a idéia sem indagar sequer se ela foi compreendida e assimilada. E a personalidade nascente, vivaz, mas frágil e inconsistente ainda, sentindo essa oposição constante a todos os seus surtos naturais, deforma-se,

estiola-se, perverte-se definitivamente, ou anula-se na banalidade passiva, artificial (Bomfim, 1906, p. 15).

A essa crítica ao modelo escolar assentado na subordinação da espontaneidade infantil à autoridade do professor, deve ser somada outra relacionada ao predomínio da cultura ibérica na experiência de colonização pela qual o Brasil havia passado. Somadas as críticas, o argumento de Bomfim movia-se sempre no sentido da rejeição ao modelo de escolarização subjacente a essa contingência histórica. Tratava-se, a seu ver, de um modelo inábil, capaz de combinar a anulação do espírito de independência da criança, considerado por ele inato, com um incentivo constante à submissão (Bomfim, 1906, p. 16).

Encarecia, junto às normalistas, o respeito absoluto à individualidade da criança quando escolarizada (p. 13). A defesa do respeito à individualidade desdobrava-se em um roteiro de ação pelo qual o professor deveria, em primeiro plano, convencer-se de que a escola não deve apropriar-se da criança e que, em decorrência da aceitação desse postulado, cumpria a todo educador "garantir (à criança) a plena posse da sua personalidade" (Bomfim, 1906, p. 16).

Encerrou o discurso orientando cada formanda a estudar e a compreender a instabilidade infantil. De posse dessa compreensão, o educador poderia aproximar-se dos novos desígnios civilizatórios, os quais, a seu ver, apresentavam-se no avesso da cultura ibérica em que o relacionamento entre adulto e criança havia sido talhado. Por novos desígnios civilizatórios, Bomfim entendia "novas formas de garantir a formação e o respeito às individualidades". Propunha oferecer a cada menino e a cada menina os instrumentos para disciplinar as próprias forças (Bomfim, 1906, p. 20).

Essas indicações foram permanentemente retomadas por Bomfim desde então. De forma crescente, sua intervenção intelectual no universo das questões científicas, literárias e educacionais relacionadas à infância foi, gradualmente, confirmando ou refazendo propósitos afirmados anteriormente no discurso de 1906.

Um exemplo significativo desse movimento simultâneo de confirmação e de inflexão em relação às próprias idéias pode ser conferido na leitura do livro *Através do Brasil*, publicado em 1910 em co-autoria com Olavo Bilac, provavelmente seu maior sucesso editorial.

Os protagonistas da história, os meninos Carlos e Alfredo, percorreram o país de norte a sul procurando pelo pai e, nesse percurso, com a ajuda de outro menino, Juvêncio, o enredo ofereceu ao professor a oportunidade de associar literatura com ensino de história, geografia e civismo.

Através do Brasil tem um pressuposto epistemológico que embasa o projeto destinado ao cotidiano escolar. Trata-se da defesa da importância da leitura junto ao ensino primário: '[...] às primeiras classes do ensino primário não deve ser dado outro livro além do livro de leitura" (Bilac e Bomfim, 2000, p. 43).

O livro de leitura, considerado o indutor das demais atividades de aprendizagem, ofereceu aos autores a oportunidade de tocar novamente o assunto da centralidade do professor na formação escolar da criança. Especificamente em relação a Bomfim, aquela imagem do professor deslocado do centro do processo de formação escolar sofreu retoques, se comparada à figura do professor expressa anteriormente no discurso, no qual o tema da expansão da individualidade do educando subsumiu o papel do educador, que saiu do centro.

Em *Através do Brasil*, a criança leitora é concebida como agente da própria aprendizagem e, nesse contexto, o professor, em vez de se deslocar do centro para as margens dos trabalhos escolares, foi chamado a tornar-se um condutor da autonomia, "conduzindo a criança a aprender por si mesma de modo a adquirir os conhecimentos mediante esforço próprio" (Bilac e Bomfim, 2000, p. 45).

Bomfim estendia a todos os professores a função de observar a infância, conforme seu entendimento de que essa era uma atribuição essencial. Via todos os educadores como cientistas voltados para a coleta de dados sobre a realidade infantil. Também os via como portadores de uma percepção de civilização que a criança, *per se*, não poderia adquirir.

O mote da civilização levava-o a reconhecer que o "aprender a aprender" tinha algumas necessidades de ajuste, as quais dependiam do professor. Nesse sentido observava que

> [...] o professor apelará para a observação da criança para que ela note a diferença entre o estado selvagem e as indústrias, instituições, obras e costumes que distinguem a civilização; mostrará que essas instituições e

indústrias faltam em grande parte a algumas terras do interior, onde a civilização ainda não penetrou (Bilac e Bomfim, 2000, p. 49).

Foi a convicção de que a ciência tinha algo a oferecer ao projeto de superação das dificuldades sociais presentes naquele "Brasil arcaico", descrito em *Através do Brasil*, que alicerçou a continuidade de seus estudos na área da psicologia da aprendizagem. E é justamente nesse processo que Bomfim inovou, publicando estudos bastante arrojados para aquele momento, e iniciou, simultaneamente, uma reflexão apurada sobre o vir a ser da psicologia educacional, uma vez que começava a incomodar-lhe testemunhar o excesso de iniciativas antropométricas relacionadas ao conhecimento da criança.

É o que se depreende da seguinte orientação proposta por Bomfim:

> A psicologia jamais será elucidada, jamais se definirão suas leis, se continuarmos a estudar o homem-espírito com o simples critério de observação e experimentação, em individualidades isoladas, como fazemos para definir os processos de pura fisiologia nutritiva (Bomfim, 1923, p. 20).

Tal observação surgiu na publicação de *Pensar e dizer*: estudo do símbolo no pensamento e na linguagem, um dos textos mais desconhecidos de Manoel Bomfim. Esse trabalho, porém, revela sua atenção ao andamento da epistemologia genética fora do Brasil e as recentes demarcações do campo de pesquisa psicológica, no processo que conduziria à formação futura da "Escola de Genebra" relacionada a Jean Piaget. Nessa base de formação, que ficaria internacionalmente conhecida no transcorrer do século XX, o laboratório de Alfred Binet tornou-se etapa necessária para o desenvolvimento de uma empiria relacionada às dificuldades infantis na resolução de problemas. Manoel Bomfim freqüentou esse laboratório tanto quanto Jean Piaget.

Pensar e dizer materializou-se em um momento de intensa reflexão para Manoel Bomfim, uma vez que escrever esse livro significou mergulhar no próprio objeto sem reservas. Mas esse movimento representou, também, a possibilidade de desconfiar das próprias conclusões:

> [...] os laboratórios pareciam ter monopolizado o estudo do espírito. O sucesso das pesquisas de Veber, Fechner, Wundt, Binet foram exaustiva-

mente apregoados; formaram-se batalhões de medidores de limiar de consciência e tomadores de tempo de reação, com a insensata pretensão de captar assim, grosseiramente, as atividades físicas, reduzindo-as a médias e curvas [...] (Bomfim, 1923, p. 23).

Embora fizesse um tratado inovador para os termos da psicologia no Brasil, retirando-a, inclusive, das fronteiras da medicina, da psiquiatria e da prática forense, o livro é cortado por depoimentos que indicam sua insatisfação com o acúmulo de dados que doze anos de experiência laboratorial proporcionaram às suas observações (Bomfim, 1923, p. 27). Bomfim não se sentia à vontade em meio a um conjunto de práticas e ponderações que, em seu entender, consideravam a sociedade um organismo similar a outras esferas da biologia (Bomfim, 1993, p. 39).

Em 1924, o reconhecimento da autoridade intelectual de Manoel Bomfim nesse campo de investigação proporcionou a ele coordenar, em conjunto com Maurício de Medeiros, a comissão para implantação de testes de inteligência no ensino primário. Esse empreendimento resultou da organização, em 1926, da publicação *O methodo dos tests*: com aplicações a linguagem no ensino primário, com a colaboração de seis professoras da Escola de Aplicação do Rio de Janeiro.[11]

Bomfim organizou a institucionalização do uso das "escalas de Binet" com o pressuposto de que as crianças sentiam-se atraídas pelos testes e que estes, bem aplicados, poderiam revelar qualidades típicas da mentalidade infantil (Bomfim, 1928, p. 96 e 103).

O objetivo primeiro a reger o projeto de implantação dos testes era o de colaborar cientificamente na formação de classes homogêneas e, nesse sentido, Bomfim sempre considerou que as vantagens da utilização dos testes superavam suas desvantagens (Bomfim, 1928, p. 37-8).

É necessário registrar, todavia, sua preocupação no sentido de conter o excesso de entusiasmo com a aplicação dos testes e a tendência a fazer destes a panacéia para todos os problemas relacionados à observação das reações da criança diante de problemas.

---

11. As professoras participantes eram: Alice Corrêa Jorge da Cruz; Eurydice Corrêa J. da Cruz; Leopoldina R. da Cruz Machado; Maria Alexandrina Ribeiro Pacca; Moema de Carvalho e Ophelia de Avellar Barros.

Seu depoimento, nesse sentido, é contundente:

> O mais interessante é que os mecanizadores apelam para a escala Binet, sem se lembrarem de que esse deixou a fórmula nítida "o teste deve ser interpretativo" [...] A propósito de testes nos Estados Unidos, é preciso não esquecer que, ali, em pedagogia pode haver o ótimo, mas há, com certeza, o péssimo, na própria realização do ensino oficial [...]: mecanização, rotina, insistência em processos antieducativos e assassinos para o espírito da criança. Nestas condições, não é de estranhar que, adotados os testes ali, muita gente tenha visto, neles, senão, uma facilitação de julgamento, facilitação levada à mecanização (Bomfim, 1928, p. 51).

Bomfim tentava tornar claro aos professores e aplicadores de testes que a criança, enquanto objeto de estudo, revestia-se de uma complexidade ímpar e que, zelar pela possibilidade de expandir sua independência e individualidade tornava o ofício de estudá-la um empreendimento arriscado, se amparado nos excessos da métrica.

Afirmava que o teste era capaz de apurar apenas o dado nitidamente preciso, limitado e mensurável, não conseguindo, contudo, alcançar a originalidade, a síntese de pensamento e a diferença de qualidade (Bomfim, 1928, p. 79).

Manoel Bomfim começava a deixar claro, para si e para os seus, que uma ciência sobre a criança deveria estruturar-se mais para fora do que dentro dos laboratórios. Compreensão e aferição deixavam de ser interpretados com termos unívocos, pelo menos no âmbito do pensamento social que Bomfim queria expressar.

5. A criança na evocação da cultura e da educação do povo brasileiro

Pouco antes de morrer em precárias condições físicas, Manoel Bomfim ditou ao teatrólogo Joracy Camargo seu último livro, *Cultura e educação do povo brasileiro*. Bomfim faleceu no dia 21 de abril de 1932, e esse livro veio a público no ano seguinte, quando foi agraciado com o segundo lugar no concurso da Academia Brasileira de Letras, com a saudação efusiva de Roquette-Pinto quanto às qualidades do texto (cf. Aguiar, 1998, p. 353).

Bomfim finalizou, nesse derradeiro trabalho, seu ciclo de reflexões sobre a criança na sociedade brasileira. Valeu-se do caráter inexoravelmente conclusivo do que ditava para associar a criança às obrigações da República, de sua esfera pública e de suas instituições.

A ação do cientista da educação infantil que, ao mesmo tempo, introduziu novas práticas de observação baseadas nos laboratórios de psicologia, mas rejeitou seus excessos e entusiasmos pela mensuração da inteligência, terminou com um arrazoado bastante inconformado com a forma pela qual a República tratava os direitos educacionais da criança.

Bomfim atentou para o fato de que a Constituição brasileira de 1891 não havia modificado os princípios básicos do Ato Adicional de 1834, segundo o qual o governo central desincumbia-se da instrução primária. Isso fazia com que a educação popular não fosse, por impeditivo da própria lei, uma questão nacional (Bomfim, 1932, p. 21).

A não-presença do Estado na esfera de concretização dos direitos da criança (p. 18), em seu entender, esvaziava de sentido todas as operações legais relacionadas à higiene pública e ao cuidado contra a delinqüência (p. 22-5).

Deve-se destacar o empenho analítico de Manoel Bomfim no sentido de não corroborar os argumentos que tratavam do tema da unidade nacional recorrendo às questões raciais e climáticas (p. 19). Bomfim rejeitou a imagem do país unificado, considerando-o um acúmulo de fragmentos, diante dos quais a criança era a mais prejudicada.

Ao mesmo tempo que reclamava a realização plena dos deveres do Estado, preparava-se para concluir suas considerações sobre a ação do professor sobre a individualidade da criança. Bomfim incomodou-se com o fato de que as instituições estivessem recebendo indivíduos enquanto crianças e devolvendo à sociedade autômatos, que se diluíam no comportamento homogeneizado das massas (p. 65).

Por isso, reafirmou suas indicações anteriores de que o dever precípuo da escolarização da criança consistia em ensinar a aprender, convertendo, com isso, os conhecimentos em meio para que "o indivíduo tivesse plena posse de sua personalidade" (p. 65).

Insistia na importância da observação durante a realização do trabalho escolar: "[...] um perfeito educador deve ser simultaneamente um observador e um psicólogo" (Bomfim, 1932, p. 68).

Mas não há dúvida de que, ao terminar sua obra, Manoel Bomfim encareceu uma inversão de sinais, de modo a fazer com que as ciências da educação fossem (re)moldadas para subsidiar um acervo de conhecimentos mais substantivo sobre a criança educanda. Sinalizava constantemente o risco de que a criança fosse convertida em ardil para que a psicologia e a psicometria expandissem seus domínios sobre a educação escolar. Não cessava de repetir que a criança precisava ocupar o centro das atenções investigativas, sem inversões de papel.

Há algo de parecido, nesse sentido, entre as preocupações de Manoel Bomfim e de Mário de Andrade, quando este ocupou o Departamento de Cultura de São Paulo, em 1935. Mário entendia que a criança, colocada ao centro no processo de metropolização pelo qual passava a cidade de São Paulo, culminaria por disciplinar toda a metrópole e por fazê-la girar ao redor de espaços públicos infantis garantidos pelo Estado; lembremo-nos dos Parques Infantis que criou (cf. Freitas, 2001; Goulart, 1995).

Manoel Bomfim, quando se referia à criança, exalava a convicção de que o "povo brasileiro", recuperado pela sua instituição mais importante — a escola primária — possuía os predicados suficientes para emancipar o país como um todo e, em decorrência, desembaraçá-lo dos séculos de deformação originados no processo de formação colonial a que foi submetido (Bomfim, 1932, p. 72).

É interessante notar que não há tema relacionado ao debate educacional suscitado na década de 1930 que não tenha sido antecipado por Manoel Bomfim, desde suas referências à escola ativa até suas evocações a Montessori, Claparède, Decroly, dentre outros (Bomfim, 1932, p. 97).

A relação entre o trabalho de Bomfim e as futuras realizações de Lourenço Filho no campo da psicologia da educação suscita também distinções igualmente interessantes. Se, para a constituição da alfabetização como objeto de estudo, a publicação dos *Testes abc*, de Lourenço Filho, em 1933, tornou-se marco inaugural de uma nova fase, fundando, inclusive, uma tradição a respeito (cf. Mortatti, 1997, p. 60), a obra de Bomfim, por sua vez e a sua maneira, já havia convertido a alfabetização infantil em objeto de estudo. Foi justamente a observação atenta dos processos de iniciação à cultura escrita que forneceu elementos para que Bomfim analisasse o papel a ser desempenhado pela psicologia da educação no trabalho de conhecer a criança em idade escolar.

Com os recursos de que dispunha, Bomfim fez da alfabetização igualmente seu objeto de estudo. Basta observá-lo considerando o assunto:

> Retenhamos esta noção: a atividade mental da criança só se realiza utilmente se ela está, ela, a criança, interessada pelo assunto. Toda dificuldade do ensino do ABC está em que, para uma mente de sete anos ligar a forma do l a respectiva consonância não apresenta nenhum interesse. Se os chamados métodos analíticos dão algum resultado em especial é porque com as gravuras e os processos a que recorrem os métodos, o assunto ganha um pouco de materialização, que o torna mais apreensível para a criança: [...] Nas formas comuns de alfabetização apela-se desde muito cedo para a escrita, quando a criança, mal senhora dos seus movimentos, canhestra, encontra dificuldades penosas para empunhar o lápis e traçar uma letra, que nem será um tipo normal da leitura [...] (Bomfim, 1932, p. 115-6).

A essas observações seguiram-se outras relacionadas ao uso de instrumentos facilitadores da aprendizagem da escrita, tais como a máquina de escrever (p. 116), o fonógrafo (p. 117) e até o cinema e o rádio (p. 117-8).

Não faz sentido aferir se o *quantum* de Lourenço Filho já estava presente na obra de Manoel Bomfim. São realidades distintas; lembremos que o próprio Lourenço Filho localizou Bomfim na história da formação da psicologia no Brasil. Mas Bomfim é mais do que um vestígio do tempo, no qual a psicologia da educação ensaiava os primeiros passos.

O caráter inovador de seu trabalho, que antecipou o de outros em alguns aspectos, pode ser diferenciado em relação a Lourenço Filho ao levar-se em consideração que este aspirava a modernidade em educação. Bomfim procurava a refundação da República em termos mais próximos da definição dos protagonistas da reorganização da esfera pública. O povo, em geral, e a criança, em particular, eram esses protagonistas.

Quanto à ciência da educação que tentou formular, cabe reconhecer que, com as possibilidades de seu tempo, enxergou o excesso de métrica a povoar as investigações educacionais e indicou para a psicologia da educação a necessidade de deslocar-se para que a criança ocupasse o centro. A centralidade da criança deveria apresentar-se sem as prerrogativas de uma ciência que precedesse de forma onisciente a pedagogia e a infância em si.

Manoel Bomfim, que elaborou muito mais um pensamento social do que uma teoria da escolarização infantil, deixou uma questão que, hoje, os historiadores da educação devem apresentar aos que o sucederam nesses domínios acadêmicos: manteve-se a criança ao centro ou a psicologia da aprendizagem retomou o papel de preceptora de tudo o que diga respeito a seu universo cognoscente e a sua vida escolar?

Na história das idéias, os marcos inaugurais convivem com a instabilidade da força de determinadas obras que, quando recuperadas, mostram-se como contrafaces de paradigmas plenamente estabelecidos.

5

Encontrar-se em *O espelho de Próspero*: secularizar a República e converter a ciência para fazer um homem novo

1. Próspero, na conhecida obra de Richard Morse, *O espelho de Próspero*, deixou de ser o mestre de Rodó e se tornou uma metáfora para pensar a cultura latino-americana em relação à cultura anglo-americana.

O autor se refere ao próprio ensaio da seguinte maneira:

> Próspero se torna, no meu ensaio, "os prósperos" Estados Unidos. [...] pretendo considerar a América do Sul não como vítima, paciente ou problema, mas como uma imagem especular na qual a Anglo-América poderá reconhecer as suas próprias enfermidades e seus problemas. É sabido que um espelho dá uma imagem invertida. Embora as Américas do Norte e do Sul se alimentem de fontes da civilização ocidental que são familiares a ambas, seus legados específicos correspondem a um anverso e reverso [...] Em suas vidas domésticas os seres humanos aceitam rotineiramente a inversão do espelho [...]. Em sua vida nacional coletiva, porém, sentem mais dificuldade de realizar a transposição (Morse, 1988, p. 13).

O capítulo que segue retoma e repete algumas questões do capítulo anterior e propõe uma reflexão acerca da dificuldade em realizar transposições conceituais por parte de dois expressivos intelectuais da educação, no

Brasil: Manoel Bomfim, que acabamos de ver, e Anísio Teixeira, justamente os dois em razão da significativa quantidade de páginas que escreveram com o objetivo de repudiar as "transplantações culturais". O que se busca aqui é observá-los observando a própria imagem no espelho, parados diante das próprias perplexidades, recuando diante da dúvida sobre os próprios postulados analíticos.

O ponto de partida é a idéia de "homem arcaico" considerada na relação anverso/reverso do "homem moderno".

"Arcaico e arcaísmo" tornaram-se territórios conceituais para alguns intelectuais da educação no Brasil do século XX. Isso se deu por razões instrumentais: representações do arcaico e do arcaísmo fundamentaram operações discursivas preocupadas com os seus efeitos em relação ao homem brasileiro. Essas preocupações produziam um misto de análise histórica e manifesto político, ambos baseados na chave "causa e conseqüência".

Em decorrência, tanto o tipo humano arcaico quanto o arcaísmo, em si, freqüentemente foram convertidos em argumentos introdutórios do que realmente se queria justificar: a opção por este ou aquele "antídoto" contra a rusticidade de uma cultura. Alguns dentre aqueles antídotos traziam em suas prescrições um efeito colateral embutido de consideráveis proporções: propunha-se não só ultrapassar o arcaísmo como deixar em "seu lugar" um homem novo, por assim dizer, moderno.

Não obstante a existência de número expressivo de análises que se ocuparam com o registro do encantamento dos intelectuais da educação com os territórios opostos ao arcaico e ao arcaísmo, diga-se logo — "moderno e modernidade" —, é necessário pontuar que os autores que se detiveram a considerar com profundidade o "componente não-moderno" da cultura brasileira, dentre os quais Bomfim e Teixeira, permaneceram com contradições insolúveis no transcorrer de suas trajetórias como analistas da sociedade brasileira. Essas contradições têm sido pouco observadas.

Dois exemplos significativos do convívio conflituoso com as próprias contradições analíticas podem ser buscados nas dificuldades de Manoel Bomfim diante da cultura francesa, que conheceu de forma inovadora, e nas dificuldades de Anísio Teixeira diante do americanismo que o encantou de forma decisiva.

À medida que a ciência francesa ofereceu instrumental científico para Bomfim idealizar uma reconfiguração da sociedade brasileira, e à medida que a sociedade norte-americana ofereceu paradigmas para que Anísio preconizasse a demolição das raízes culturais brasileiras, resta ainda a necessidade de indagar a cada um desses autores sobre o que foi feito desses repertórios de influências no momento em que se depararam, *ipsis verbis*, com o "tipo humano" concretamente brasileiro.

É necessário prestar atenção às variações que a percepção do arcaísmo adquire em cada obra, uma vez que esse cuidado pode ser decisivo no momento em que for preciso fugir de algumas generalizações. Isso porque uma rica produção a respeito dos temas iberismo e americanismo tem se pronunciado nos últimos anos e acrescentado elementos renovadores aos estudos dos intelectuais diante de seus objetos. Contudo, é necessário insistir na pormenorização das arquiteturas conceptuais e analíticas, já que afirmar que o intelectual "de corte americano" é a antítese do intelectual de "corte ibérico" não é mais suficiente, uma vez que o enfrentamento dessas questões nos obrigará, cada vez mais, a dizer de "qual" iberismo estamos falando e, igualmente, "qual" americanismo estamos focando. É assim e por isso que nos acharemos diante da exigência de precisar qual iberismo foi rejeitado em determinada experiência intelectual, reconhecendo, portanto, a existência de componentes culturais entrecruzados e diferenciados que suspendem a validade dos diagnósticos que sacramentaram a cultura ibérica como um monólito. Da mesma forma, nos veremos cada vez mais compelidos a precisar qual americanismo, entre "americanismos possíveis", prevaleceram enquanto escolha; qual pragmatismo, entre "pragmatismos disponíveis", foram guindados à posição de opção civilizatória.[1]

Não é necessário ocupar grande espaço para lembrar que civilização e Ocidente tornaram-se sinônimos nos condomínios de muitas interpretações. Mas vale sinalizar, também, que da capacidade político-argumenta-

---

1. É sintomática a ausência de referências aos diferentes tipos de pragmatismos manifestos na sociedade norte-americana, como se à disposição dos intelectuais brasileiros que estiveram nos Estados Unidos estivesse apenas um único acervo de idéias e de proposições sem variações teóricas e políticas e sem conseqüências conforme a escolha desse ou daquele autor. A respeito, conferir SASS, Odair. *Crítica da razão solitária*: o pragmatismo de Georg H. Mead.

tivo-ideológica de sinalizar um Ocidente a ser buscado e de identificar "subocidentes" carecidos de ajuste para atingir a condição de Ocidente ideal, soergueu-se o edifício interpretativo de muitos autores. Nesse sentido, de igual modo, se repetiu constantemente a tendência já comentada em relação ao par arcaísmo/modernidade, ou seja, se estabilizou a indicação de "um" Ocidente em antítese a "um" Oriente.

Mas é melhor voltar à questão dos arcaísmos econômico e cultural brasileiro, enquanto desafios temáticos aos intelectuais da educação, de modo a sinalizar, ao final, alguns paradoxos.

2. A gênese da sociedade brasileira contemporânea foi interpretada de forma inovadora e provocante na década passada por João Fragoso e Manolo Florentino. A ousadia dos intérpretes foi resumida por Wanderley Guilherme dos Santos nos seguintes termos:

> [...] o ponto central é simples: aquilo que se supõe tenha sido a gênese da sociedade brasileira contemporânea está seriamente equivocado, logo, aquilo que se supõe seja o melhor entendimento da própria sociedade brasileira contemporânea aparece seriamente comprometido. [...] A sociedade, eventualmente, viria a enriquecer, sempre, contudo, mediante a reprodução ampliada do mesmo. O projeto antigo, moderno e contemporâneo foi e é o de congelar uma sociedade arcaica, de inabalável estratificação de valores e símbolos de status [...]. O arcaísmo da sociedade brasileira não existe por acaso, mas por desígnio. [...] Mais do que políticas tendo por objetivo impedir modificações sociais relevantes, estratégia defensiva, a elite brasileira gera, deliberada e continuamente, propostas de curso de ação cujo resultado líquido consiste [...] em desistoricizar a sociedade [...]. Eis, portanto, o ponto: tudo que existe, existe por desígnio, em metafórico tempo transistórico (Santos, 2001, p. 12-3).

O argumento de que o arcaísmo da economia e da sociedade brasileira correspondia a uma enorme desvantagem competitiva resulta prejudicado sob a ótica de Fragoso e Florentino. As evidências com as quais trabalharam sinalizaram a presença de uma percepção aguda na concepção de mundo de alguns segmentos, segundo a qual, ainda que no bojo de uma crescente espoliação colonial, o arcaísmo daquela situação econômica era um fator "gerencial" importante na obtenção de ganhos contínuos, porém cada vez mais setorizados. O arcaísmo era um projeto antes de ser uma danosa conseqüência. Era uma vantagem localizada antes de ser uma desvantagem (cf. Fragoso e Florentino, 2001).

Pensado dessa forma, o arcaísmo teria sido um componente estratégico para a efetivação de uma racionalização administrativa antes de ser, ao contrário, uma evidência inconteste da ausência de uma elevada racionalidade econômica a acompanhar a consolidação de uma economia e de uma sociedade, por assim dizer, tropicais.

O argumento foi recusado por Fernando Novais (cf. Novais, 2002, p. 140-1). O pressuposto básico de Novais é que a acumulação interna é insuficiente enquanto recurso heurístico para se empreender uma reorientação "significante" do conceito de economia colonial na sociedade brasileira. Enquanto isso, em seu já clássico entender, a acumulação externa, como razão de ser da empresa colonizadora, mantinha-se como orientadora da "dinâmica do sistema colonial".

O arcaísmo, conforme o rebate de Novais, esvazia-se de sentido sem a dinâmica comparativa com a qual o analista precisa de uma sociedade "que é" moderna para operar a distinção paradigmática em relação a outra "que não é" moderna.

Esse exemplar de um recente e fértil debate historiográfico sobre a economia nos três primeiros séculos da sociedade brasileira após o contato com a Europa é uma demonstração de que, vistos de perto, os conceitos de arcaísmo e de modernismo passam por clivagens que permitem surpreender o debate historiográfico diante da necessidade de ainda empreender vigorosas definições conceituais. Ainda que esse debate venha a ensejar outros desdobramentos, já está afirmado que a racionalidade da economia luso-brasileira "escolheu" uma "modernidade arcaica" ou um "arcaísmo moderno", fazendo da enorme distância entre pessoas um paradigma endógeno auto-referente.

Essa constatação pode sugerir alguma filiação à hipótese levantada por Richard Morse, segundo a qual, na Ibéria e na América Ibérica, estaria presente outro vetor de modernidade, quem sabe não corroída pelo utilitarismo da outra América, a de vetor anglo-saxão (Morse, 1988).

Não há indício de uma filiação à escola de Morse por parte de Fragoso e Florentino, uma vez que o primeiro sinaliza "outra modernidade" e os segundos sinalizam "outro arcaísmo" na história da Ibéria como um todo e de Portugal em particular.

Esse é o ponto de partida do qual sairemos ao encalço de Manoel Bomfim e de Anísio Teixeira. Postulantes de projetos que sinalizavam apenas um arcaísmo a ser superado com o olhar fixado em uma modernidade a ser atingida. Ambos se defrontarão com paradoxos pelos quais perceberão a insuficiência de se conceber a face arcaica da sociedade brasileira como um bloco e a inoperância de supor a existência de um roteiro de modernização para dissolver aquela estrutura.

3. Já foi dito que, em 1905, Manoel Bomfim publicou o livro *América Latina, males de origem*. Em essência, o argumento que dá base ao ensaio é semelhante àquele utilizado por Anísio Teixeira, em 1962, quando publicou *Duplicidade da aventura colonizadora na América Latina e sua repercussão nas instituições escolares,* analisado no primeiro capítulo.

Em ambos os estudos, as origens ibéricas da sociedade, brasileira são apontadas como raízes de uma série de problemas que, ainda no século XX, estavam a exigir da República brasileira um novo perfil para as instituições públicas com vistas a superar os "males" e as "duplicidades de origem".

Ambos consideravam a criança um novo ponto de partida para sociedade, uma vez que a atuação científica sobre sua educação poderia ensejar a produção de um novo ser humano. Ambos, em muitas ocasiões, pontuaram a necessidade de conhecer plenamente o brasileiro, aquele cuja existência as instituições básicas da República não lograram incorporar e, muito menos, conhecer em profundidade.

A dicção nacionalista dos escritos de Bomfim colocava-o entre os que repudiavam as transplantações culturais e institucionais. Contudo, como médico de origem, Bomfim buscou na Europa um modelo de ciência com o objetivo de aparelhar técnica e conceitualmente seu empenho em dar a conhecer a mente e a inteligência do adulto e da criança no Brasil.

O processo de formação científica e investigativa de Bomfim é interessante. Quando assumiu a direção do Pedagogium, em 1897, idealizou uma inovadora ação laboratorial voltada à investigação dos mecanismos de aprendizagem.

A associação entre a descoberta laboratorial e a produção de índices, considerados cientificamente sólidos para oferecer uma reorientação à sociedade como um todo, já vinha se consolidando desde meados do século XIX. A antropotecnia, sobre a qual estamos falando desde o início, somava mensuração a investigações étnico-culturais e fazia com que, entre biologia e cultura, a segunda ocupasse uma posição subordinada e determinada pela primeira. A biologia oferecia-se como campo para a emergência de teorias da história de natureza evolucionista.

A proliferação de um saber científico capaz de unificar o conhecimento biológico com as demandas antropológicas que se apresentavam anunciava um papel civilizador para a ciência digno de nota e, diga-se de passagem, sequer estamos mencionando aqui a assunção então recente dos positivismos e adjacências. Em meio a esse cenário, Manoel Bomfim foi à Europa buscar os métodos e testes de Alfred Binet.

O conhecimento da obra de Binet influenciou Bomfim a pensar a psicologia como uma ciência com prerrogativas de superioridade, ou pelo menos de independência, em relação à pedagogia.

À psicologia estava reservado o papel de tradutora das peculiaridades do tipo humano existente sobre o qual a educação escolar atuaria. Mas se tratava, no entender de Bomfim, de uma psicologia experimental destinada a desgrudar-se da ciência médica para constituir-se base de uma ciência da sociedade.

A volúpia com a qual a antropologia, a medicina legal, a educação e a psicometria absorviam a questão racial no Brasil proporcionava a intérpretes do corte de Manoel Bomfim um emparelhamento da ciência experimental com a síntese histórica. O resultado encaminhava um projeto político sensibilizado com a questão da miscigenação. Enquanto uma quantidade considerável de escritos propõe a inferioridade do homem miscigenado, Bomfim rejeita a tese da inferioridade e opta pela modernização da instrução como tática de transformação daquele homem num homem moderno. Em seu entender, a experiência histórica brasileira torna necessário compreender as razões de o arcaísmo estrutural ser o responsável pelas limitações sociais ainda presentes na abertura do século XX. Esse arcaísmo provinha do "parasitismo" português gerador de uma cultura privatista que interditava a formação autônoma das individualidades necessárias à conformação de um novo país (Bomfim, 1993).

A ciência experimental poderia facultar a compreensão a respeito dos mecanismos formadores da inteligência individual e fazer desse conhecimento um "mapa de ação" para a definição de políticas educacionais por parte das autoridades. Nesse momento, o experimentalismo tornava-se metáfora de abandono da cultura ibérica rumo a um modelo de racionalização social em que pudesse vicejar o indivíduo com sua individualidade potencializada.

O experimentalismo era interpretado como via de acesso a um modelo civilizatório mais generoso para com as possibilidades do brasileiro, até então impedido de amadurecer em sua "personalidade social".

Todavia, a forma pela qual Manoel Bomfim procurou, ao mesmo tempo, descrever o Brasil arcaico e sinalizar a importância da ciência experimental em relação à superação de seu arcaísmo conduziu-o a um estranhamento em relação a seus próprios escritos e opções metodológicas recentemente feitas.

O tom laudatório das riquezas nacionais, que dá o tom ao livro *Através do Brasil* visto no capítulo anterior, é acompanhado da constatação de que o país era, acima de tudo, pobre e rústico. O problema de fundo como "subtexto" dos escritos de Bomfim era a dúvida a respeito de quanto um modelo civilizatório deveria adaptar-se às peculiaridades culturais de cada local sem deixar de ser um paradigma capaz de atrair o homem rústico para a condição de indivíduo moderno.

Mas o encontro do intelectual com a vastidão territorial do próprio país, seguida do mergulho *avant gard* na epistemologia do conhecimento individual, só fez produzir dúvidas onde antes estavam plantadas convicções. Isso já era visível quando começou a duvidar do próprio experimentalismo que introduziu. Vamos relembrar a citação abaixo:

> A psicologia jamais será elucidada, jamais se definirão suas leis, se continuarmos a estudar o homem-espírito com o simples critério de observação e experimentação, em individualidades isoladas, como fazemos para definir os processos de pura fisiologia nutritiva (Bomfim, 1923, p. 20).

Diante de um incômodo com um universo de conhecimentos que ele mesmo ajudava a renovar, colaborando com a autonomização da psicologia em relação à psiquiatria, à medicina e à prática forense, aumentou gradativamente a ênfase na recusa a interpretar a sociedade como um organismo e, principalmente, na recusa em reconhecer o caráter absoluto dos dados de aferição da inteligência e da maturidade do educando.

Ocorria que a criança brasileira e os homens desse país representavam desafios interpretativos que escapavam das pretensões de se sobrepor uma "ciência civilizada" a uma "gente incivilizada". A rusticidade de um povo, em seu entender, não poderia estar à mercê da supressão de seus componentes mais arraigados, em decorrência da combinação de pressupostos experimentalistas com desígnios civilizatórios. Bomfim desconfiou do êxito de um modelo de ciência que pudesse ser confundido com um modelo de disciplina social.

A oficialização do uso de testes no âmbito de suas ações administrativas repunha o debate acerca da falta de homogeneidade das classes, considerada essa questão um reflexo da falta de homogeneidade nacional. Foi oficializada a utilização das Escalas de Binet (Bomfim, 1928, p. 96 e 103).

Deve-se ressalvar que, nessa ocasião, Bomfim não se sentia mais à vontade diante da própria obra. Sentia-se, em razão disso, propenso a renunciar, simultaneamente, ao modelo francês, que por tanto tempo estivera no espelho e igualmente se precaver das novas imagens que se afiguravam no espelho dos laboratórios de antropologia educacional.

A rusticidade de um povo praticamente não-escolarizado oferecia dificuldades objetivas ao analista toda vez que se dispunha a enfrentar o tema da civilização pelo avesso. Explico: se, por um lado, não há dúvida de que Bomfim atribuía um papel regenerador à escola e à ciência com vistas a fazer com que da imensa vastidão territorial e da intensa diversidade cultural surgisse um novo homem, igualmente pensava que essa transformação deveria ser atributo da vontade pessoal e da escolha individual.

O que pensava Bomfim? A relação entre escolha individual e espaço territorial deve ser pensada em termos comparativos para ficar mais clara. O termo de comparação era a América do Norte. Se o movimento no espaço geográfico, com o alargamento de fronteiras e conquistas territoriais, colaborou para que os Estados Unidos da América efetivamente "se americanizasse", ou seja, deixasse de ser uma Europa em novas terras, no Brasil o aspecto territorial só fazia repor o caráter sedimentário de uma cultura indisposta a europeizar-se ou a americanizar-se. Mover fronteiras no Brasil significava voltar a nossa "Ibéria interior".

Diante desse paradoxo, a desconfiança quanto à "mecanização" tornava Manoel Bomfim um estrangeiro no próprio território argumentativo, que delimitou e ajudou a inovar em termos de conteúdo. Nesse território, até então, a ciência psicológica aplicada à educação apresentava-se como "lugar de tradução" da essência do homem rústico a ser examinado pela ciência da educação.

Mas ao mesmo tempo em que seus escritos de corte sociológico e historiográfico encadearam argumentos que encareciam um rompimento com as próprias raízes, as raízes ibéricas, paralelamente os instrumentos da psicologia da aprendizagem, que buscou para compreender o homem a ser desgrudado das próprias origens, caíram em descrédito junto a ele.

A educação como alternativa para a reelaboração da cultura de um povo ficava com um provocante ponto de interrogação. O território argumentativo aberto por um dos mais brilhantes ensaístas do início do século XX conduziu cientista e ciência ao paradoxo de reconhecer a insuficiência dos próprios argumentos anteriormente apresentados como alternativa civilizatória.

Antes que nossa imaginação suponha que esse tipo de dificuldade caracterizava o trabalho intelectual produzido anteriormente à produção institucionalizada pela Universidade, vamos lembrar que esse tipo de paradoxo tem uma versão ainda mais contundente na trajetória de Anísio Teixeira, um intelectual já dos "tempos acadêmicos".

4. O "americanismo" de Anísio Teixeira precisa ser revisitado para que se possam verificar os efeitos das ações de um homem de ação sobre o próprio repertório analítico que ajudou a difundir. Quando observamos itinerários intelectuais, acompanhamos, ao mesmo tempo, uma travessia. A extensão dessa travessia e suas dificuldades de percurso, por vezes, conduzem o intelectual a abandonar parte da "bagagem interpretativa" preparada e escolhida anteriormente para enfrentá-la em suas dificuldades. O intelectual pode distanciar-se do próprio território argumentativo diante das dificuldades que outro território — o da cultura local — se lhe impõe como desafio analítico.

O mesmo Richard Morse, já citado, e também Rubem Barbosa Filho advertiram que a mente ocidental, por vezes, capitula diante das forças que ela mesma desencadeia (cf. Morse, 1988 e Barbosa Filho, 2000). De certa forma, essa advertência oferece elementos novos para a análise do intelectual diante de seu objeto e da insubordinação deste aos desígnios daquele.

O Brasil, em sua vastidão territorial, interpretado como metáfora de conquista, não se deixou enquadrar facilmente nos projetos de homogeneização que tentavam elevar à condição de "Oeste" a ser pioneiramente desbravado o que até então, nas lides da literatura e da sociologia, era apenas um lugar chamado sertão.[2]

Por ocasião do centenário de Anísio Teixeira, senti-me instigado a explicitar o que chamava de "via historiográfica" percorrida pelo educador (cf. Freitas 2001, p. 53). Essa via correspondia a um lugar, de passagem e de permanência, um *topos* de análise, onde se encontravam, se somavam e se completavam os argumentos de Sergio Buarque de Holanda, de Florestan Fernandes e de Anísio Teixeira relacionados à rejeição às tradições herdadas na colonização ibérica da qual fizemos parte pelo lado português.

A preocupação com a cultura local, regional ou sertaneja já estava presente em Anísio antes mesmo de seu contato com o Estados Unidos. No início da década de 1920, o jovem, ainda impregnado da cultura católica mais tradicional, rejeitava a escola única porque desestabilizadora do "equilíbrio natural" existente na sociedade. Após a leitura de *Méthodes américaines d'education* [Métodos americanos de educação], de Omer Buyse, sua opinião mudou tendo absorvido da obra do analista belga a convicção de que a escola única era a verdadeira instância capaz de racionalizar a distribuição equânime de oportunidades na sociedade, levando em conta, inclusive, as disparidades locais.[3] Sabemos que essa revisão de princípios, especialmente aqueles ligados à democracia e à escola única, consolidou-se e tornou-se vigorosa após sua estada nos Estados Unidos. O que não sabemos é se suas opções religiosas foram consideradas incompatíveis com suas novas descobertas.

Mas a questão sertaneja e o tema da cultura local fizeram com que algumas opções, como a defesa da descentralização da educação, já estivessem presentes em suas manifestações, mesmo quando ainda não havia

---

2. A esse respeito, conferir Lima, Nízia Trindade. *Um sertão chamado Brasil*.
3. Conferir Schaeffer, Maria Lucia Pallares. Anísio Teixeira: uma motivação regionalista.

adentrado a "via historiográfica" de Sérgio Buarque, na qual o aguardava o argumento da superação das próprias raízes.

Ocorre que a territorialidade ampla, depositária da cultura sertaneja que apresentava o desafio de ser preservada enquanto fosse superada, não oferecia condições, usando aqui uma chave weberiana para o "controle racional do mundo à medida que este é desencantado" (Souza, 1999, p. 46).

Esse desencantamento significava a ação controlada e racionalizadora do agente urbano sobre o rural, do moderno sobre o arcaico.

O mundo rural brasileiro guardava marcas profundas da escravidão e do distanciamento econômico em relação à vida urbana. Para a maior parte das zonas não urbanas do país parecia aplicável a opinião de Unamuno sobre a Espanha, recolhida por Rubem Barboza Filho:

> Não há como ser simultaneamente diz Unamuno, espanhol, europeu e moderno. Aproximando-se do programa de Dostoievski, afirma ele que há uma única forma de europeizar a Espanha: é espanholizar a Europa (Barboza Filho, 2000, p. 36).

Anísio Teixeira escreveu uma obra pluridimensional. Compreender sua trajetória intelectual significa também "montar o texto" composto pelas inúmeras falas que encomendou junto a outros intelectuais. Significa também tomar por resultante de suas investigações o resultado das investigações que institucionalizou.

No mesmo momento em que preparava o texto síntese de sua concepção de história, o já referido *Duplicidade da aventura colonizadora*, operava a montagem disciplinar do campo de pesquisas a ser construído no Centro Brasileiro de Pesquisas Educacionais e nos Centros Regionais de Pesquisas Educacionais. São inúmeros os documentos legados por essa rica experiência que evidenciam quanto os intelectuais chamados a participar da empreitada eram convocados a compor a parte de um grande texto único, capaz de orientar e resignificar uma teoria do Brasil que levasse em consideração a diversidade cultural e o tema da educação escolar.

A escolha do instrumental da sociologia e da antropologia para levar adiante a execução dos projetos Cidades-Laboratório, Escolas-Laboratório, Mapa Cultural Brasileiro, dentre outros, agrupou sistematicamente pesquisadores que se ocupavam com o confronto entre culturas rústicas e culturas urbanas.

Desde um Antonio Candido a analisar as diferenças entre campo e cidade até um Jayme Abreu pontuando estatísticas sobre a mobilidade social nos processos de urbanização de regiões não industrializadas. Desde um Florestan Fernandes observando a resistência de tradições até um Roger Bastide perfilando contrastes brasileiros. Desde um Luiz Pereira perplexo diante da constatação de que o campo havia se instalado "dentro" das metrópoles até um Oracy Nogueira mapeando as Áfricas remanescentes no Brasil, a circulação de leituras e interpretações sobre o país conduzia o mentor do processo, Anísio Teixeira, à difícil tarefa de relativizar o alcance dos próprios pressupostos.

Os registros deixados nos arquivos e impressos desses Centros revelam as dificuldades presentes no ensejo de tomar a cultura brasileira como espaço heurístico de um conjunto tão variado de análises sobre o Brasil. Por um lado, Anísio lamentava que o processo de industrialização estava fazendo com que "perdêssemos tradições" (CRPE, Dossiê 1, 12, p. 1-2). Por outro, elevava o tom da crítica à sociedade, afirmando que "o Brasil tinha algo de estabilidade granítica" (CRPE, Dossiê 1, 14, p. 1-2).

A assimilação dos resultados obtidos nas inúmeras investigações sociológicas que patrocinara já interferia no próprio registro sociológico que passava também a denunciar a existência de "micro-sociedades dentro da sociedade" (CRPE, Dossiê 1, 15, p. 6).

A força intelectual daquele momento provocava uma espécie de autocrítica em relação aos primeiros anos de ação como educador:

> [...] o que assistimos nas primeiras décadas deste século e que só ultimamente se vem procurando corrigir foi a aplicação precipitada ao processo educativo de experiências científicas que poderiam ter sido psicológicas, ou sociológicas, mas não eram educacionais, nem haviam sido transformadas ou elaboradas para aplicação educacional (CRPE, Dossiê 1, 16, p. 4).

Em meio às contendas políticas que paralelamente enfrentava no período, sentia-se estimulado a anunciar a necessidade de separar o arcaísmo do sistema educacional em relação ao arcaísmo do homem brasileiro, desconfiando que talvez apenas o primeiro pudesse ser realmente transformado (CRPE, Dossiê 1, 17, p. 1).

É nesse momento que a publicação do ensaio *Duplicidade da aventura colonizadora* torna-se sinal também de uma entropia conceitual, uma vez que confirma a fertilidade dos pressupostos recolhidos na via historiográfica percorrida por Anísio[4] e gera uma identidade intelectual compartilhada com o que de mais sólido nossa historiografia e nossa sociologia foram capazes de produzir. Ocorre que, ao mesmo tempo, aquela situação sinalizava um instante de perplexidade do autor diante do próprio acervo interpretativo.

O multitexto em andamento com os parceiros da sociologia e da antropologia[5] no âmbito do CBPE e dos CRPEs conduzia o conjunto das reflexões para outra via analítica, aquela aberta por Varnhagen e pavimentada pelos escritos de Gilberto Freyre. Não foi casual o convite feito ao escritor pernambucano para que assumisse a direção do Centro Regional de Pernambuco bem como não foi pequeno o impacto que as opiniões de autores como Freyre ou Levy Cruz passaram a exercer sobre Anísio, especialmente quando reconhecia que "a população rural estava passando do carro de boi para o avião sem passar pela diligência" (Cruz, 1961, p. 186).

Ao mesmo tempo que se deixou convencer por Capistrano de Abreu, por Sergio Buarque e por Florestan Fernandes a respeito das peculiaridades do homem a ser reconfigurado na elaboração de um homem novo, também se deixou impressionar pela "miscibilidade, grandeza e originalidade" do homem sertanejo, do brasileiro rústico, da pessoa do interior.

O Projeto Cidades-Laboratório só fazia confirmar essa impressão. As localidades, congeladas no tempo, mostravam a longevidade do territorialismo ibérico, um jeito de ocupar o espaço e, simultaneamente, de se desocupar do tempo que não suscitava o desejo de ser acelerado. Mas

---

4. Anísio Teixeira chegava à conclusão de que estávamos cindidos entre os valores proclamados e os valores realizados, fruto da dubiedade de nossas raízes culturais. Na mesma via interpretativa, Sergio Buarque de Holanda já havia afirmado que essa dubiedade nos tornava "uns desterrados na própria terra" (cf. Holanda, 1986).

5. Para lembrar apenas os mais conhecidos, vale citar Jacques Lambert, Almir de Castro, Jaime Abreu, João Roberto Moreira, Charles Wagley, Marvin Harris, Carl Withers, Adroaldo Junqueira Aires, Josildeth Gomes, Carlos Castaldi, José Bonifácio Rodrigues, Orlando F. de Melo, Luis de Castro Faria, Luiz Aguiar Costa Pinto, Fernando de Azevedo, Gilberto Freyre, Almeida Júnior, Antonio Candido de Melo e Souza, Lourival Gomes Machado, Bertram Hutchinson, Florestan Fernandes, Roger Bastide, Egon Schaden, Darci Ribeiro, Maria José Garcia Werebe, José Mario Pires Azanha, Luiz Pereira e Celso de Rui Beisieguel.

acelerar o tempo talvez tenha sido a metáfora mais cara a Anísio Teixeira. Justamente em razão da crença, algo ascética, na possibilidade de acelerar o tempo e ajustar nossa história à história do Ocidente.

Em uma via historiográfica, o educador recolhia e confirmava suas possibilidades e, em outra, recolhia e confirmava suas impossibilidades.

De forma semelhante a Manoel Bomfim, recusou o passado com base na leitura histórica que fez e nas influências teóricas e políticas que absorveu. Mas igualmente ao sergipano, terminou sua trajetória sem conseguir fazer de sua plataforma conceitual uma base universalizável a ponto de abranger a mais singela de nossas realidades, a da cultura local, graniticamente imóvel como ele dizia, mas emblematicamente autêntica a ponto de quebrar a ordem de um pretenso movimento civilizatório.

O modelo dostoievskiano lembrado por Unamuno ganhava sua versão tupiniquim. De certa forma, ainda que a ciência, não uma qualquer, mas uma ciência "americanizada", produzisse um diagnóstico contundente, o movimento se dava não no sentido de fazer com que a cidade (nosso Ocidente interno) urbanizasse o sertão (nosso Oriente interno). Ao contrário, muitas vezes o componente rústico fazia com que a cidade fosse "sertanizada".

A república brasileira manteve, ao longo do século XX, grande dificuldade em secularizar-se. O crivo religioso da classificação das mentes foi sendo substituído pela modalidade menos laica das ciências: a experimental. As ciências, por sua vez, não foram capazes de fazer com que da mistura de referencias teórico-interpretativas resultasse uma sociedade à mercê do controle que uma nova civilização e a produção de um novo homem demandavam. Para ficar à vontade diante do espelho, o de Próspero ou de outro qualquer, era necessário converter a ciência à causa do homem disciplinado.

Mas o homem brasileiro, rústico ou não, observado com acuidade, deixou perplexos intelectuais como Manoel Bomfim e Anísio Teixeira, a ponto de fazer com que estivessem sempre recomeçando. De nossa parte, observar tais recomeços nos obriga a dizer, mais claramente, de qual "iberismo", de qual "francesismo" e de qual "americanismo" estamos falando quando estivermos afirmando que a obra de determinado intelectual corresponde a determinada "escola de pensamento" construída sobre a rusticidade de um povo.

6
A sociedade civil, instância promotora de ensino: um lugar conceitual para a política e um lugar político para o conceito

1. Nos últimos anos, a sociedade civil tem sido mencionada no bojo de vários projetos que, em seu nome, apresentam propostas de redefinição dos campos de ação governamental e não-governamental. A área da educação, em muitos países, tem sofrido direta e indiretamente o impacto que essas redefinições acarretam no cotidiano das instituições e, em muitos casos, a sociedade civil é interpelada a participar do "novo" feitio institucional que se busca com vistas a atender às demandas de um tempo, no qual o predomínio da ação estatal sobre a esfera pública é colocado freqüentemente em questão.

Em anos recentes, as propostas de organização de uma "terceira via" para a consolidação do que se chamou "governança global"; a busca pelas definições de um "terceiro setor" para a renovação nos sistemas de prestação de serviços, até então confiados à gestão do Estado, e a defesa de um espaço de ação "público não-estatal" como proposta para a redefinição esfera pública, apresentaram-se como novidades expressivas no campo dos debates sobre o papel do Estado e no campo das rearticulações das lutas políticas que envolviam a sociedade civil.

É necessário compreender, todavia, que essa terminologia não é nova. A novidade que ela contém está relacionada a uma inflexão na forma de compreender a sociedade civil como instância de ensino.

Essa terminologia, aparentemente plena de novidades conceituais, que se supõe inauguradora de uma nova fase, apresenta-se para anunciar uma nova arquitetura política.

Deve-se registrar, todavia, que a sociedade brasileira, desde pelo menos 1948, quando começaram a circular os escritos produzidos na Comissão Econômica para a América Latina, a Cepal, viveu momentos de intensa utilização de alguns conceitos que agora ressurgem como se fossem expressivas novidades. Na atual conjuntura, essa nova "gramática da sociedade civil", quando se apresenta como nova, instala um ponto de ruptura em relação a um passado recente com o qual ainda tínhamos muito que aprender antes de descartá-lo. Nesse passado recente, mais precisamente entre 1945 e 1964, a sociedade civil foi decisivamente reconhecida e festejada como instância de ensino.

Esse período ocupará lugar central na análise que segue, deixando-se propositalmente de lado as agruras que enfrentamos nos dias que seguem, oferecendo apenas alguns elementos históricos que permitam distinguir diferentes acepções de sociedade civil ainda que "ilusoriamente" submetidas à mesma plataforma conceitual.

2. A idéia de sociedade civil, quando recolhida na documentação que resultou de alguns episódios marcantes na história da educação brasileira, no século XX, apresenta oscilações conceituais tão significativas que a própria idéia de *res publica* termina por revelar-se parte de uma polissêmica disputa pela primazia da indicação dos significados político e conceitual que o adjetivo civil passa a ter quando colocado imediatamente após o substantivo sociedade.

Dentre tantos episódios, são exemplares os debates que, na década de 1930 e na década de 1960, confrontaram autoridades e intelectuais ligados à Igreja Católica e autoridades e intelectuais ligados à defesa do Estado como "lugar" adequado à defesa dos interesses da sociedade civil. Lembremos que ambas as "instâncias" eram representadas como complementos "essenciais" da sociedade civil, disputando-se, então, a primazia sobre a "direção" de seus rumos.

Contudo, desde o início é necessário relembrar que em tais circunstâncias a evocação do direito a falar "em nome" da sociedade civil raramente significou considerá-la uma interlocutora à altura dos seus representantes. Quando a sociedade civil falou e se organizou à revelia dos que diziam representá-la, seus movimentos muitas vezes foram considerados expressões ora de um populismo que se nutria da ignorância, ora da ignorância que se nutria do populismo.

Depositária de um acervo de imagens fantasmagóricas, a sociedade civil foi representada por muitos intelectuais ora como portadora dos reclamos de um monstro-povo capaz de disseminar a barbárie caso não fosse contida nos limites consubstanciais ao perigo que representava; ora, por outros tantos intelectuais, como portadora da redenção nacional, caso fossem desamarrados os nós que limitavam o acesso popular aos mecanismos de controle dos próprios passos, dos próprios rumos. Entre uma representação e outra, não foram poucas as vezes nas quais falar em nome da sociedade civil significou mais temê-la do que representá-la de fato.

Quem se recorda dos projetos republicanos arquitetados pelo jornalista Rangel Pestana, quando já agonizava a monarquia brasileira, traz à mente a metáfora da "praça falante", do lugar público onde todos, com a maior homogeneidade possível, poderiam, de alguma forma, expressar opinião própria. A praça pública ocupada pelas pessoas da *res publica* era uma imagem forte a exibir quanto a defesa da liberdade de opinião e do direito a intervir nos processos decisórios fazia parte de um imaginário político convencido da importância de se dar à sociedade oportunidade para conjugar opinião com compromisso. A escola pública, na fala de vários republicanos, era considerada a instituição fiadora dessa comunhão entre o "saber pensar" com o "poder escolher".

Sabemos que os projetos republicanos de Rangel Pestana foram aqueles que não predominaram na arena política. Sabemos que a república brasileira instalou-se repetindo, *ad nauseam*, que o século XX chegava a um lugar "sem povo", diante do qual somente a autoridade teria algo substantivo a dizer.

Alguns anos depois, em tom de lamento, o empresário Monteiro Lobato reclamava:

> O Brasil é uma horta, Rangel, e em horta, o que se quer são cebolas e cebolorios, coentros e couves tronchudas, tomates e nabo branco chato

francês. Não somos ainda uma nação, uma nacionalidade. As enciclopédias francesas começam o artigo Brasil assim: *une vaste contrée*... Não somos país, somos região. O que há a fazer aqui é ganhar dinheiro e cada um que viva como lhe apraz aos instintos (Lobato apud Luca, 1999, p. 7).

Mas se deve lembrar, rapidamente, que viver de forma aprazível aos instintos não era privilégio de muitos. Era justamente o pavor diante da possibilidade de se assistir a um extravasamento das vontades populares que conduzia as mais influentes lideranças republicanas a solicitar "cuidado" com o "tipo" de sociedade que estávamos conduzindo à praça pública.

Alberto Torres, por exemplo, argumentava didaticamente que éramos, naquela circunstância

[...] um Estado que não era uma nacionalidade, num país que não era uma sociedade, numa gente que não era um povo (Torres, 1938a, 297).

Na história das idéias, no Brasil, são abundantes os exemplos das personagens relevantes, no púlpito ou no parlamento, que chamaram a si a tarefa de descrever e de analisar a sociedade civil brasileira e que terminaram por tecer libelos de expressão morfológica surpreendente: descreviam a forma daquilo que se considerava *disforme*; descreviam o conteúdo daquilo que se considerava *vazio*. Do disforme cobravam uniformidade; do vazio cobravam consistência!

Para que a sociedade civil produzisse sinais de que carregava em suas entranhas elementos mobilizadores suficientes para convertê-la em instância de ensino, foi necessária a construção de um cenário muito peculiar no após segunda guerra mundial. Mas antes, durante e depois, as outras duas instâncias de ensino que nos preocupam, a Igreja e o Estado, revezaram-se na tarefa de emitir sinais com os quais os agentes de cada instância estabeleciam as contraposições básicas entre ambas, de modo que, em quase todos os embates, as duas partes afirmavam a posse de autoridade moral e política para falar "em nome" da sociedade civil. A elaboração dos argumentos utilizados para configurar a autoridade de quem emitia a fala deve ser vista de perto, porque nesse processo está contido o histórico de alguns conceitos que ainda hoje compareçem com impressionante força de mobilização.

É necessário, então, proceder quase como filólogo para identificar nos "idiomas analíticos" que se apresentaram para estabelecer a gramática da sociedade civil. Nessa gramática estão as origens das "palavras-chave" com as quais a condição de instância de ensino passou a ser evocada como possibilidade, como projeto político e como "estratégia de desenvolvimento econômico" relacionado à sociedade civil.

3. Nas vezes em que o tema do ensino religioso nas escolas públicas compareceu ao campo no qual se agitavam as opiniões da sociedade, da Igreja e dos representantes do Estado sobre o assunto, como, por exemplo, na tramitação parlamentar que resultaria na Constituição de 1934, parte do episcopado brasileiro pronunciou-se em defesa da idéia de que, em países originados na expansão portuguesa, sociedade e Igreja dispunham da "mesma identidade" (cf. Freitas, 1999).

Já nas vezes em que se discutiu socialmente a oportunidade de transferir recursos públicos para a escola privada, mormente a confessional, como, por exemplo, no longo processo de tramitação da primeira Lei de Diretrizes e Bases do Brasil, os editoriais de várias revistas católicas expressavam a opinião de que, em países igualmente originados na expansão territorial portuguesa, a personalidade jurídica de uma instituição de ensino deveria ser conseqüência não da afirmação da "natureza" dessa instituição, mas sim da definição de sua "finalidade". Ou seja, uma instituição seria pública não quando o Estado estivesse em sua origem, mas quando o atendimento à população estivesse entre os seus fins. Cuidemos dessa argumentação com cuidado.

No final dos anos cinqüenta do século passado, no auge das inflamadas discussões que anunciavam a Campanha de Defesa da Escola Pública, os editoriais de algumas prestigiosas revistas culturais ocuparam lugar de destaque no que toca à demarcação dos territórios de opinião política dentro dos quais os acontecimentos repercutiam.

A Ordem dos Frades Menores mantinha (e mantém) a *Revista de Cultura Vozes*. Em seus editoriais, a revista expressou o que julgava ser um equívoco generalizado a respeito do entendimento que se tinha sobre os conceitos de sociedade civil e de esfera pública.

O editorialista argumentava que, para uma escola ser considerada "pública", não seria necessário e suficiente que fosse uma "escola estatal". Para fundamentar seu raciocínio evocava, surpreendentemente, o lugar de proeminência da sociedade civil. Por intermédio dessa evocação, o autor sustenta que a sociedade civil é "fundadora do Estado", sendo, portanto, a legítima interessada em obter desse Estado o atendimento a suas reivindicações. A conclusão do raciocínio cria uma lógica existencial expressa nos seguintes termos: se a sociedade civil é fundadora do Estado e se, no Brasil, a escola confessional é a escola predominantemente desejada pela sociedade civil, esse Estado tem a obrigação de prover a sociedade da "escola que lhe apraz". Essa seria sua função. Isso tornaria "pública" a escola confessional não por estar instalada num determinado lugar da dicotomia público x privado, mas sim por estar "fundada" no entendimento que a sociedade civil expressava sobre o Estado, este lugar de manifestação de sua "vontade".

O editorialista chega a ironizar os que consideravam o Estado expressão única da esfera pública indagando a origem dos recursos financeiros outorgados aos governos constituídos. O argumento era simples: o Estado não tem dinheiro; quando o tiver que se apresente como interlocutor legitimado pela possibilidade de manter-se com recursos próprios (cf. Freitas, 1998, p. 78).

O argumento instituiu uma plataforma conceitual criativa. Essa plataforma dava base à idéia de que as escolas confessionais eram "públicas não-estatais". Destrinchando os termos constitutivos do conceito, chegamos à afirmação de que a escola confessional deveria ser considerada pública, porque fundada na liberdade de escolha e na vontade da sociedade civil, a mesma vontade que fundava o Estado. O conceito revoga séculos de negação da existência da sociedade civil e indica, no reconhecimento inesperado de sua força, a legitimidade para exigir do Estado os recursos que lhes são devidos.

Como se vê, a idéia de instituição pública-não estatal já estava devidamente instalada na sociedade brasileira, e isso se deu muito antes do momento no qual passou a circular como se fosse novidade enquanto modelo de instituição "alternativa" à ação estatal, como se viu na última década do século XX.

A sociedade civil, utilizada como imagem referência daquela representação de esfera pública, ganhava contornos diferentes nas falas de muitos sujeitos da ação política que, até pouco tempo, se davam por satisfeitos com outras imagens que ainda evocavam a chegada da República e a experiência vivida no Arraial de Canudos, quando muitos vaticinavam que o país jamais teria algo que pudesse ser chamado de sociedade civil.

Mas no após Segunda Guerra, temos um novo tempo e um novo enredo. O novo enredo ensejava uma nova trama. Se a sociedade civil passava a ser, então, fundadora e definidora da esfera pública, não poderia mais ser representada *ad eternum* como lugar de manifestação de perigosos fanatismos.

Deve-se ressaltar, aqui, que o contexto em tela expõe duas poderosíssimas corporações, edifícios da modernidade, o Estado e a Igreja em momento singular de exasperação recíproca. Ambas as instâncias completavam séculos alternando aproximação e distanciamento da sociedade. Se, por um lado, discutir os conteúdos e significados das esferas pública e privada incentivava revisões conceituais, por outro, independentemente do que dela se dizia, a sociedade civil começava a apresentar-se como instância de reorganização da sociedade como um todo e, muito particularmente, como instância de ensino para os que, até então, efetivamente estavam à margem: o negro, o mestiço e o homem rural, projetando um campo de ação não diretamente subordinado às hierarquias eclesiásticas ou estatais.

Os movimentos sociais que, ao mesmo tempo, complementavam e esgotavam as ações dos partidos políticos, começam a pressionar a sociedade como um todo e o Estado de forma particular, com vistas a obter acesso às instituições diretamente vinculadas à mobilidade social, dentre elas, obviamente, a escola, especialmente a secundária e a universidade.

Isso diz respeito a alguns movimentos que se manifestavam nas grandes cidades e interpelavam as instituições em busca de espaço. Paralelamente, para flagrar, naqueles anos efervescentes, a sociedade civil como instância de ensino, muitas vezes é necessário deixar de observar esse tipo de interlocução entre sociedade e instituições para focalizar os movimentos de auto-organização com os quais a idéia de "expressão própria" se fortalecia e evidenciava que, enquanto representantes da Igreja e do Estado, afirmavam o que era a sociedade civil, várias frentes agiam e ignoravam tais definições de conteúdo.

Um exemplo a ser comentado é o Teatro Experimental do Negro.

4. O Teatro Experimental do Negro foi criado em 1944 e estava associado ao conjunto de iniciativas que buscavam alternativas para a expressão cultural do negro; para o resgate de seu patrimônio artístico e para sua inserção nos condomínios da sociedade letrada, na qual se somavam preconceitos raciais com discriminação generalizada em relação ao precário índice de escolarização daquela parcela expressiva da sociedade brasileira. A iniciativa fez parte de um amplo movimento que reavivou a importância dos estudos étnicos no Brasil. Quando o projeto Unesco sobre relações raciais chegou ao Brasil, na década seguinte, pelas mãos de Anísio Teixeira, encontrou um terreno de discussão já fertilizado pelo Teatro Experimental do Negro.

Sua mais expressiva liderança, Abdias Nascimento, proclamou a importância do Teatro Experimental nos seguintes termos:

> A mentalidade de nossa população de cor é ainda pré-letrada e pré-lógica. As técnicas sociais letradas ou lógicas, os conceitos, as idéias mal a atingem. [...] Não é com elucubrações de gabinete que atingiremos e organizaremos esta massa, mas captando e sublimando a sua profunda vivência ingênua, o que exige a aliança de uma certa intuição morfológica com o senso sociológico. Com estas palavras desejo assinalar que o Teatro Experimental do Negro não é, nem uma sociedade política, nem simplesmente uma associação artística, mas um experimento psico-sociológico, tendo em vista adestrar gradativamente a gente negra nos estilos de comportamento da classe média superior da sociedade brasileira. [...] Com efeito, a população de cor, em virtude do seu baixo nível cultural, não tem a preparação necessária para definir os seus próprios problemas. Precisamos ouvir os estudiosos, consultar os entendidos e ouvir os próprios negros (Nascimento, 1949, p. 11).

A liderança do movimento rapidamente expõe seus pressupostos teóricos com os quais concebia aquela instância, a sociedade civil, como lugar de ensino. Rapidamente se identifica a obra de Lévi-Bruhl como sustentáculo do analista. Entretanto, quando em 1949, o Teatro Experimental do Negro criou o Instituto Nacional do Negro, Abdias Nascimento chamou atenção

> [...] para o seu programa que incluía desde a alfabetização do homem de cor, a aprendizagem técnica de representar o drama, a educação social e cívica, a introdução na esfera da alta cultura, num esforço de valorizar o negro socialmente, de impulsionar sua definitiva integração na nacionalidade, livre de recalques e complexos de inferioridade, mas sim numa positiva afirmação da personalidade criadora (Nascimento, 1950, p. 29).

A rejeição às "elucubrações de gabinete", ao mesmo tempo que fortalecia a instalação de dispositivos de tutela sobre aqueles considerados em situação "pré-lógica", favorecia a entrada em cena de sujeitos e falas que expressavam um cuidado "adaptativo" em relação ao analfabeto. Esse tipo de cuidado, que ganharia inúmeras variações nos anos seguintes, tornar-se-ia uma marca registrada das manifestações intelectuais que se dedicaram a defender a hipótese de que a sociedade civil era mais do que uma instância privilegiada de ensino, passando a ser identificada também como instância de "recuperação cultural". No cerne de tais falas, ao contrário do que historicamente se processara até então, Estado e Igreja eram chamados a prestar contas àqueles que estavam sendo resgatados junto às margens.

Diretamente envolvido com o Teatro Experimental do Negro, mas formado na órbita de influência que proporcionava a circulação de Jacques Maritain e de Emmanuel Monier, o sociólogo Alberto Guerreiro Ramos é um exemplo da ação intelectual voltada para a afirmação da sociedade civil como instância de ensino e também como instância privilegiada para a obtenção dos dados necessários ao conhecimento, por meio da pesquisa, da realidade nacional, expressão plena de tensões naqueles anos.

Trata-se de um intelectual que se credenciou internacionalmente e que, ao expressar conteúdos políticos de feição católica, não o fez em nome da Igreja, mas em nome da sociedade civil.

Um dos registros mais notáveis dessa intervenção foi a defesa da "redução sociológica". A proposta de Guerreiro Ramos pode ser considerada uma dentre tantas nascidas ao redor dos termos sociedade civil, que se apresentava em defesa da "descolonização das mentalidades". Não é de menor relevância lembrar que o intento de descolonizar as mentes levava a supor a existência de uma sociedade civil internacional designada geopoliticamente como Terceiro Mundo.

Em relação à sociedade civil indicava o sociólogo a necessidade de uma "atitude" de comprometimento com a rusticidade presente na sociedade, de modo a recusar o elitismo das propostas que desconsideravam a "fase" na qual se encontravam as pessoas

Em um esforço didático considerável, Guerreiro Ramos indicava que

> [...] a redução consiste na eliminação de tudo aquilo que, pelo seu caráter acessório e secundário, perturba o esforço de compreensão e a obtenção do essencial de um dado. [...] Seja praticada no domínio teórico, seja no domí-

nio das operações empíricas, é sempre a mesma atividade. A redução de uma idéia ou de um minério, por exemplo, consiste em desembaraçá-los de suas componentes secundárias para que se mostrem no que são essencialmente. [...] A redução sociológica, porém, é ditada não somente pelo imperativo de conhecer, mas também pela necessidade social de uma comunidade que, na realização de seu projeto de existência histórica, tem de servir-se da experiência de outras comunidades. (Guerreiro Ramos, 1996, p. 71).

A redução sociológica foi um dos mais sofisticados libelos em defesa do direito de escolha da sociedade civil quanto aos conteúdos destinados à modelagem de sua formação, tanto no campo da escolarização, e seus corolários curriculares, quanto no campo da pesquisa, e suas possibilidades heurísticas.

Nas palavras de seu proponente, o projeto deveria ser entendido como

[...] um procedimento crítico-assimilativo da experiência estrangeira. A redução sociológica não implica isolacionismo, nem exaltação romântica do local, regional ou nacional. É, ao contrário, dirigida por uma aspiração ao universal, mediatizado, porém, pelo local, regional ou nacional. Não pretende opor-se à prática de transplantações, mas quer submetê-las a apurados critérios de seletividade. Uma sociedade onde se desenvolve a capacidade de auto articular-se, tornar-se conscientemente seletiva. Diz-se aqui conscientemente seletiva, pois em todo grupo social há uma seletividade inconsciente que se incumbe de distorcer ou reinterpretar os produtos culturais importados, contrariando, muitas vezes, a expectativa dos que praticam ou aconselham as transplantações literais (Guerreiro Ramos, 1996, p. 73).

Alberto Guerreiro Ramos envolveu-se em ruidosas polêmicas e a proposta da redução sociológica foi rejeitada de forma contundente por Florestan Fernandes (cf. Freitas, 1998, p. 115-139). Da mesma forma, entre o sociólogo e o filósofo Álvaro Vieira Pinto manifestaram-se discordâncias significativas. Este não é o momento oportuno para recuperar o conteúdo de tais divergências, sob pena de produzir uma digressão ruinosa aos intentos desta fala. Há que se ponderar, contudo, que o que motivava boa parte daquelas divergências era a intenção de debater sobre a necessidade ou não de adaptar os conteúdos escolares à capacidade de intelecção dos que, na sociedade civil, correspondiam à parcela excluída das instituições que formalizavam a posse de cultura letrada. Ensinar, na opinião de muitos intelectuais que se envolveram com a questão, deveria ser uma atitude de encontro entre educador e educando, de modo a reduzir a distância, inclusive social, entre um e outro.

Diante desse quadro, mesmo com o litígio intelectual que os envolvia, Álvaro Vieira Pinto estimulou a utilização de um argumento que, ao termo, reforçava politicamente a plataforma epistemológica da redução sociológica.

A sociedade civil, em seu entender, era a mais privilegiada instância de ensino em qualquer realidade, muito particularmente aquelas consideradas "subdesenvolvidas", nas quais o imperativo da liberação do dinamismo das forças produtivas exigia o reconhecimento de que a sociedade "já podia ser reconhecida" como portadora de uma cultura autêntica.

Diante dessa autenticidade, ser letrado ou iletrado não era uma diferença tão relevante, em face da possibilidade de expressar uma "consciência crítica". Aliás, "reduzir" conteúdos, na acepção tanto de Guerreiro Ramos quanto de Vieira Pinto, era uma estratégia empiricamente já testada pela sociedade, necessitando ser assumida por todos como veículo de manifestação da consciência que deveria, então, se descolonizar. O fato é que alguma espécie de "redução sociológica" já fazia parte das estratégias de trabalho de muitos educadores que lidavam com a escolarização de crianças, jovens e adultos em condições econômicas e sociais adversas.

O que diferenciava o argumento de Álvaro Vieira Pinto, no encontro entre intelectuais e o tema da educação popular, era que o autor de *Consciência e realidade nacional* sustentava a hipótese de que o analfabetismo "não existia". Em seu entender, na sociedade civil estariam dispersos vários tipos de linguagem, todos articulados como "alfabetos paralelos" dentro dos quais a cultura popular armazenaria a memória social do trabalho.

Em relação à aquisição da habilidade de leitura e escrita, procurava distinguir a falta de escolarização da falta de alfabetização. Vieira considerava o alfabeto uma "escala cultural". Se essa escala fosse imaginada como um *continuum* de zero a dez, em seu entender seria consistente pensar que a sociedade congrega pessoas situadas em diferentes pontos da mesma escala. Assim, propunha que se pensasse a pessoa que não sabe ler e escrever como um alfabetizado "em escala zero", ontologicamente diferente do analfabeto.

Dependendo da circunstância histórica, o alfabetizado em escala zero poderia portar uma consciência mais crítica do que o alfabetizado em escala oito, ou nove, ou dez, por exemplo. Isso porque o não-manuseio das ferramentas do alfabeto não significava inaptidão para o "manuseio" da realidade que circunda a existência de cada um; uma realidade que está sempre "à mão" de quem trabalha.

A sociedade civil seria o lugar no qual a consciência social poderia agregar-se à cultura uma vez que, em seus condomínios, estariam em permanente circulação várias modalidades de alfabetismo já em permanente uso por aqueles que estavam apartados da escolarização formal. Mesmo que a sociedade mantivesse "zonas iluminadas e não-iluminadas" de cultura letrada, e que o trânsito de uma para outra significasse um grande salto em direção ao desenvolvimento nacional, na cultura iletrada Álvaro Vieira Pinto encontrava uma "cultura em si" (cf. Pinto, 1960b, p. 16).

Admitindo uma "cultura em si", Vieira não deixava de reconhecer a necessidade de formalizar o auxílio aos que precisavam romper com a precariedade material de sua existência. Por isso advertia que

> O trabalho que as massas executam funda sua visão de mundo. Nas formas inferiores, exploradas, humildes, o trabalhador não chega a ter senão uma noção sensível de sua realidade, e, ainda que deseje modificá-la, não alcança compreender como isso seria possível. Ao progredir nas formas de produção, se criam formas superiores de trabalho, realizado por um volume cada vez maior de pessoas, as quais pela necessidade de fazê-lo bem, têm que possuir conhecimentos amplos. Precisam de instrução técnica e uma formação cultural que tende sempre a crescer, sem possibilidade de que interesses na execução do trabalho possam fixar-lhe um limite. A consciência do trabalhador, uma vez despertada, se descobre como um processo individual sempre mais independente. Com isso, sua percepção de realidade se engrandece, e aprofunda o conhecimento das causas de sua situação; e assim o indivíduo é levado a uma interpretação de si mesmo, de seu papel no mundo e na sociedade (Pinto, 1973, p. 244-5).

Estamos diante de uma leitura antropológica da relação homem/aprendizagem; antropológica à medida que expõe o sujeito em seu intercâmbio com o meio realizando diferentes modalidades de trabalho. Essa variabilidade na modulação das formas de trabalhar constitui o cerne daquilo que, em sua obra, é designada "cultura". Com tais pressupostos, Álvaro Vieira rejeitava a proposta educacional que

[...] não percebe que o povo está sempre educado na espécie e no grau de educação que lhe permitem as condições da realidade onde vive. Julga que a educação, como ideal e sistema, precede o processo real e o deve conduzir. Mas em vez de considerá-la como efetiva inserção do indivíduo nesse processo, considera-a como iluminação intelectual, necessária para adquirir idéias e hábitos, a impor em seguir à comunidade atrasada (Pinto, 1960 [II], p. 381-2).

Os argumentos provenientes de autores divergentes e discrepantes entre si, no que toca aos temas ensino e sociedade civil, encontravam um ponto de síntese no reconhecimento de que a parcela rústica da sociedade, ainda que carecida de escolarização formal, não poderia ser considerada incapacitada a participar do processo de superação do subdesenvolvimento econômico. Ainda que passar da condição de pouco ou nada escolarizado para a condição de plenamente escolarizado fosse considerado um direito imediatamente referido à ampliação da cidadania, no âmago dessas contribuições depositou-se um elogio ao homem em sua forma arcaica, justamente porque o arcaico deixou de ser visto como vazio de significados culturais.

Na mesma senda, alvo de críticas, mas também de adesões significativas, Paulo Freire dedicava-se a formular um método extraído do próprio segmento social considerado rústico ou arcaico.

Em relação ao tema e às provocações que a dicotomia arcaico/moderno apresentava como desafio interpretativo, Freire ofereceu o seguinte testemunho:

> Ocorreu comigo uma longa e lenta evolução. Apesar disso é superficial criticar meu trabalho denunciando os elementos idealistas de meus livros sem considerar este partir da linguagem do povo, dos valores do povo, de sua concepção do mundo. É necessário percebê-lo como um elemento prenunciador de minha nova posição. [...] [Nesse sentido] A recusa da cartilha é mais importante do que possa parecer à primeira vista. Se a alfabetização deve começar pelas palavras do povo, pelo seu universo vocabular, é para que o povo possa analisar suas próprias palavras, criar e recriar sua própria linguagem. As cartilhas levam ao contrário de tudo isso. Mesmo quando se parte da hipótese mais otimista, isto é, aquela das cartilhas extraídas [...] não das palavras do educador, mas de um conhecimento prévio da linguagem popular, o problema permanece inteiro. Com

efeito, quando o autor de uma cartilha decompõe as palavras em sílabas e recompõe com essas sílabas novas palavras e novas frases, ele está outra vez dando novas palavras e novas frases aos alunos. Esta doação é uma imposição, uma inculcação ideológica. É isso que eu não queria aceitar. É preciso ser coerente com o princípio de evitar imposição. É aos analfabetos que compete decompor e recompor suas próprias palavras. Somente eles podem utilizá-las como instrumento de recriação de sua linguagem e, assim, por esse meio, tomar consciência de sua situação real (Freire, 1972, p. 18-9).

A coerência com o princípio de evitar imposições culturais e ideológicas, evocada pelo educador brasileiro de maior repercussão internacional, naquele cenário ajudava a compor uma imagem de sociedade civil dentro da qual a idéia de comunidade, ainda que com ambivalências, transformava-se em lugar de "coleta" da cultura popular "tal qual ela é". Ao intento de oferecer ao homem iletrado a oportunidade de interferir na organização do próprio processo de alfabetização, mediante a recolha de suas "palavras geradoras" e de seu vocabulário base, acrescentava-se um movimento de descolamento do educador, da escola para o lugar do educando, genericamente entendido como "comunidade".

Observar esse deslocamento significa acompanhar simultaneamente outros movimentos em direção ao povo com o intuito de ouvi-lo, mobilizá-lo e convidá-lo a uma nova etapa do "desenvolvimento nacional" por mais que isso oscilasse entre o ilusório e o dramático.

Podemos, rapidamente, lembrar da Juventude Universitária Católica, ou do Movimento de Educação de Base, dentre tantos outros, sem deixar de mencionar a Ação Popular com suas vertentes políticas diferenciadas. Poderíamos citar inúmeros outros exemplos de organizações que se envolveram com o tema da cultura popular no âmbito da sociedade civil. Há que se observar, como dado de grande relevância, que aqueles intelectuais e aqueles movimentos, ainda que originados no campo institucional da confessionalidade cristã ou no desdobramento de ações originadas na burocracia estatal, na maioria das vezes em que indicavam a sociedade civil como instância de ensino afirmavam simultaneamente um lugar público de referência política instalado entre a Igreja institucionalizada e o Estado, sem representar continuidade com qualquer um dos lados.

Esse posicionamento acrescentava àquela situação uma dificuldade distintiva. A educação popular pronunciada por católicos, por exemplo, dirigia-se ao homem do povo em sinal de opção política, mas também à hierarquia eclesial em sinal *dissidente* de separação entre o popular e o hierarquizado.

Dentro de um quadro no qual o nacional, o popular e a militância de esquerda eram referências que abrangiam quase tudo e quase todos, alguns marcos conceituais afirmaram-se com o objetivo de definir novos lugares para os sujeitos políticos.

Se representantes de algumas ordens religiosas já haviam enunciado a existência de um setor "público não-estatal" com vistas a identificar um lugar entre o público e o privado, várias ações comunitárias proclamavam existir nas bases da sociedade um lugar "entre Washington e Moscou". Por isso, o sertão da Bahia, o homem rude da Argélia, o militar nacionalista do Egito, os conferencistas de Bandung tinham em comum a aspiração de fazer com o que o Terceiro Mundo pudesse se expressar, do ponto de vista cultural e político, como um lugar de recusa. Recusa da ética e da estética ocidental manchada por seus valores plutocráticos e recusa da experiência stalinista como contraponto burocrático aos desmandos do ocidente em expansão.

Uma "terceira via" entre o Ocidente e o Oriente era representada nas formas conhecidas então como "neutralismo" e que se grudavam a várias expressões de anticolonialismo.

Como se percebe, uma terminologia bastante utilizada no período imediatamente após a emblemática queda do Muro de Berlim, tais como Terceira Via, terceiro setor e, principalmente, instituições públicas não-estatais, diferentemente do que se costuma afirmar, são expressões já presentes no Brasil pós-Segunda Guerra Mundial, em cuja disseminação do uso de tais expressões pode-se reconhecer um pouco da história política recente, na qual a sociedade civil como instância de ensino era uma aspiração de intelectuais e de movimentos sociais interessados em marcar um lugar de ação entre o Estado e as hierarquias eclesiásticas.

O que talvez pudesse sugerir continuidade entre aqueles acontecimentos e os projetos levados a efeito hoje não passa de coincidência terminológica.

O ex-ministro Luiz Carlos Bresser Pereira, quando definiu o lugar do público não-estatal na sociedade brasileira, indicou que a sociedade civil, no Brasil, movimentar-se-ia entre o Estado e o mercado (cf. Bresser Pereira, 1999, p. 15), o que sequer se cogitava nos anos 50 e 60 do século XX.

O primeiro-ministro inglês Antony Blair, quando aderiu à Terceira Via, indicou um lugar para a sociedade civil entre o estatismo soviético e, mais uma vez, o mercado.

Esse debate recente não guarda nenhuma proximidade em relação a história da luta pela educação popular no Brasil, muito embora em ambos os momentos uma gramática parecida tenha sido utilizada para descrever o lugar da sociedade civil.

Estado e Igreja como instâncias de ensino pareciam insuficientes para a dinâmica que a sociedade brasileira adquiria naqueles anos de encantamento com uma ilusão chamada desenvolvimento econômico. Diferentemente do que se assiste hoje em dia, naqueles anos a idéia de "terceira margem" resultava de nosso lado Guimarães Rosa, nada a ver com mercado. Tínhamos grandes sertões e muitas veredas a vencer, se quiséssemos encontrar o homem em sua rusticidade e, para além do encontro, retirar de nossa cultura popular palavras-chave, palavras-geradoras, um novo alfabeto, enfim.

A sociedade civil era uma instância de ensino porque "de pé no chão também se aprendia a ler". Ainda que a atual ressignificação da idéia de terceiro setor pareça evocar algumas dessas tradições, sua impregnação com a estratégia de prestar serviços faz com que vivamos um momento no qual a "comunidade de consumo", metaforicamente, seja pensada como um lugar de realização de uma economia mais ágil, com produtos disponíveis em maior quantidade para os consumidores, estes sim os grandes beneficiários do "novo formato" da sociedade civil. Nesse novo formato, de pé no chão ninguém mais aprende a ler, tampouco de pé no chão ninguém entrará no *shopping center*.

A redução sociológica, o alfabetizado em escala zero, as palavras geradoras são ícones de um tempo em que a sociedade civil era concebida como singular instância de ensino. Outro tempo. Tempos distintos não devem ser comparados, mas cumpre a nós, educadores, pensar se aquela sociedade civil que deixamos no passado não teria algo de substantivo a nos dizer sobre o futuro.

Referências bibliográficas e documentais

De Francisco Adolfo Coelho foram analisados os seguintes ensaios compilados por Leal 1993:
Os elementos tradicionais da literatura: os contos (1875);
Romances populares e rimas infantis portuguesas (1879);
Contos populares portugueses (1879b);
Contos nacionais para crianças (1882);
Observações aos pediógrafos (1882b);
A ginástica e os jogos tradicionais (1883);
A pedagogia do povo português (1883b);
Esboço de um programa para o estudo antropológico, patológico e demográfico do povo português (1890);
Alfaia agrícola portuguesa (1901);
O paralelismo na poesia popular portuguesa (1912);
A cultura mental do analfabetismo (1916).

Documentação depositada no Centro de Memória da Educação, da Faculdade de Educação, da Universidade de São Paulo, Fundo Carlos Mascaro:
Série Dossiês. Caixas:

1, 12
1, 14
1, 15
1, 16
1, 17

ABREU, Capistrano de. *Caminhos de história colonial & os caminhos antigos e o povoamento do Brasil*. Brasília: EDUNB, 1963.

AGUIAR, Ronaldo Conde. *O rebelde esquecido*: tempo, vida e obra de Manoel Bomfim. (Tese de Doutoramento). Universidade de Brasília: Instituto de Ciências Sociais, 1998.

ANTUNES, Mitsuko Aparecida Makino. *A psicologia no Brasil*: leitura histórica sobre sua constituição. São Paulo: Educ & Unimarco, 1999.

ARIÈS, PHILIPPE. *Centuries of childhood*: a social history of family life. London: Vintage, 1962.

ARIÈS, PHILIPPE. *L'enfant et la vie familiale sous l'ancien régime*. Paris: Librairie Plon, 1960.

AZANHA, José Mário Pires. Pesquisa educacional no CRPE. CRPESP, CRPE, AS, *Dossiê INEP*, 1959?, v. 8, n. 1, 32, p. 27-31.

AZEVEDO, Fernando. Para a análise e interpretação do Brasil: pequena introdução ao estudo da realidade brasileira. *RBPE*, INEP, Rio de Janeiro, 1955, v. 60, p. 3-29.

BARBOSA FILHO, Rubem. *Tradição e artifício*: iberismo e barroco na formação americana. Belo Horizonte: Editora UFMG, 2000.

BARBOSA, Rui. Reforma do ensino primário e várias instituições complementares da instrução pública. *Obras completas de Rui Barbosa*. Rio de Janeiro: Ministério da Educação e Saúde, v. X, t. III, 1947.

BASTIDE, Roger. *Brasil: terra de contrastes*. São Paulo: Difel, 1971.

BHABHA, Homi K. The other question: difference, discrimination, and the discourse of colonialism. In: FERGUNSON, Russel (ed.). *Out there*: marginalization and contemporary cultures. New York: New Museum of Contemporary Art/Cambridge, MIT Press, 1990, p. 71-89.

_____. *O local da cultura*. Belo Horizonte, Editora UFMG, 2001.

BILAC, Olavo e BOMFIM, Manoel. *Através do Brasil*. Compilação Marisa Lajolo. São Paulo: Companhia das Letras, 2000.

BINET, Alfred. *A alma e o corpo*. Lisboa: Bertrand, 1909.

_____. *Les idées modernes sur les enfants*. Paris: Ernest Flammarion Éditeur, 1929.

BLANCKAERT, Claude. Lógicas da antropotecnia: mensurações do homem e bio-sociologia (1860-1920*). Revista Brasileira de História*. São Paulo, ANPUH, v. 21, n. 41, 2001, p. 145-56.

BOAS, Franz. *Anthropology and modern life*. New York: Dover, 2000.

BOMFIM, Manoel. *América latina*: males de origem. Rio de Janeiro: Topbooks, 1993.

_____. *Cultura e educação do povo brasileiro*. Rio de Janeiro: Pongetti, 1932.

_____. *O Brasil na América*. Rio de Janeiro: Topbooks, 1997.

_____. *O Brasil nação*. Rio de Janeiro: Topbooks, 1996.

_____. *O methodo dos tests com applicações a linguagem no ensino primário*. Rio de Janeiro: Escola de Aplicação, acervo Luiz Paulino Bomfim, 1928.

_____. *O respeito à criança*. Discurso pronunciado como paraninfo de turma da Escola Normal, de 1906. Rio de Janeiro: opúsculo, Acervo Luiz Paulino Bomfim, 1906, 26p.

_____. *Pensar e dizer*: estudo do symbolo no pensamento e na linguagem. Rio de Janeiro: Casa Electros, 1923.

BOTELHO, André Pereira. *O batismo da instrução*: atraso, educação e modernidade em Manoel Bomfim. (Dissertação de Mestrado). São Paulo: Universidade Estadual de Campinas, Instituto de Filosofia e Ciências Humanas, 1997.

BOTO, Carlota. O Brasil que Portugal escreveu: pedagogia e política sem comemorações. *Revista Brasileira de Educação*. Rio de Janeiro, ANPED, set./dez. 2000, n. 15, p. 16-40.

_____. Crianças à prova da escola: impasses da hereditariedade e a nova pedagogia em Portugal da fronteira entre os séculos XIX e XX. *Revista Brasileira de História*, São Paulo, ANPUH/Humanitas — FFLCH-USP, v. 21, n. 40, 2001, p. 237-65.

BOURDIEU, Pierre. *O campo econômico*. Campinas: Papirus Editora, 1999.

BRESSER PEREIRA, Luiz Carlos et alli. *O público não-estatal na reforma do Estado*. Rio de Janeiro: Editora FGV, 1999.

CABRAL, João de Pina. *Os contextos da antropologia*. Lisboa: DIFEL, 1991.

CANDIDO, Antonio. A estrutura da escola. Separata do *Boletim CBPE*, Rio de Janeiro, CBPE, INEP, s/d.

_____. A estrutura da escola. In: FORACCHI, Marialice; PEREIRA, Luiz (Orgs.). *Educação e sociedade*. São Paulo: Editora Nacional, 1967, p. 107-28.

_____. As diferenças entre o campo e a cidade e seu significado para a educação. *Pesquisa e Planejamento*, São Paulo, Centro Regional de Pesquisas Educacionais, ano I, v. I, 1957, p. 53-65.

_____. Radicalismos. *Estudos Avançados*. São Paulo, Instituto de Estudos Avançados, USP, jan./abr. 1990, v. 4, n. 8, p. 4-18.

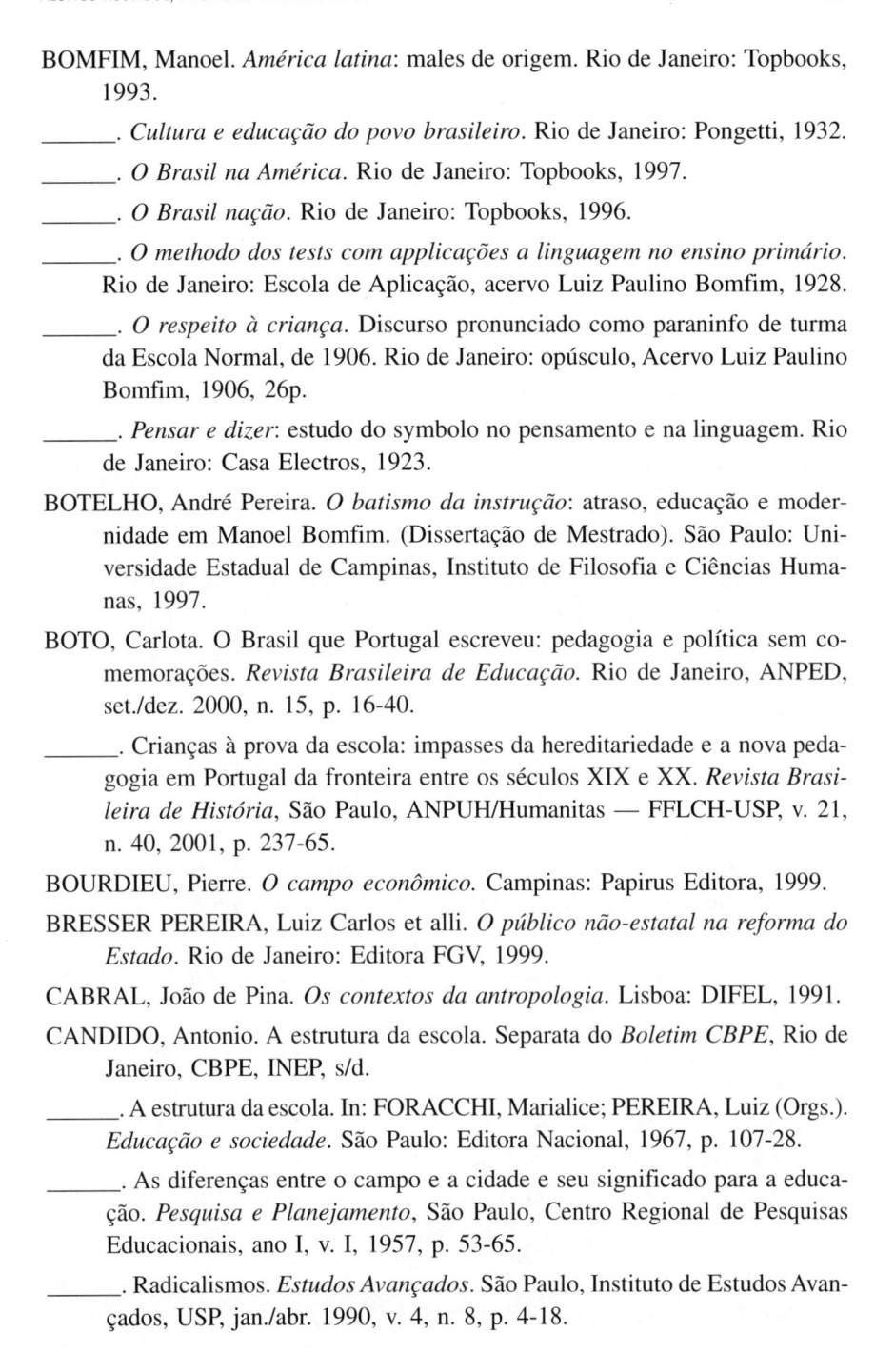

CANETTI, Elias. *Massa e poder.* São Paulo: Companhia das Letras, 1995.

CARVALHO, Marta Maria Chagas. *A escola e a república e outros ensaios.* Bragança Paulista: Editora Universitária São Francisco/CDAPH, 2003.

CARVALHO, Marta Maria Chagas de. Quando a história da educação é a história da disciplina e da higienização das pessoas. In: FREITAS, Marcos Cezar de (Org.). *História social da infância no Brasil.* 3. ed., São Paulo: Cortez Editora, 2001, p. 291-310.

CATROGA, Fernando. *O republicanismo em Portugal.* Coimbra: Notícias Editorial, 1991.

_____. *O céu da memória.* Coimbra: Editora Minerva, 1999.

CLARK, Oscar. *O seculo da creança.* Rio de Janeiro: Canton & Reile, 1940.

CORRÊA, Mariza. A cidade dos menores: uma utopia dos anos 30. In: FREITAS, Marcos Cezar de (Org.). *História social da infância no Brasil.* São Paulo: Cortez Editora, 2001.

_____. A revolução dos normalistas. *Cadernos de Pesquisa.* São Paulo, Fundação Carlos Chagas, 1988, p. 13-24.

_____. *As ilusões da liberdade*: a escola Nina Rodrigues e a antropologia no Brasil. 3. ed. Bragança Paulista: Editora da Universidade São Francisco, 2002.

_____. *História da antropologia no Brasil.* Campinas: Editora da Unicamp, 1987.

CORSARO, Arturo. Actores, redes e novos produtores de conhecimento: os movimentos sociais e a transição paradigmática nas ciências. In: SANTOS, Boaventura de Sousa (Org.). *Conhecimento prudentes para uma vida decente.* São Paulo, Cortez Editora, 2003, p. 639-65.

_____. *Encoutering development: the making and unmaking of the third world.* New Jersey: Princeton University Press, 1995.

COSTA PINTO, Luiz de Aguiar. *O negro no Rio de Janeiro.* São Paulo: Editora Nacional, 1953.

CRUZ, Levy. Espaço, tempo, região e educação. *Centro Regional de Pesquisas Educacionais do Recife,* v. I, n. 1, 1961, p. 186.

CUNHA, Euclides da. *Os sertões.* São Paulo, Ediouro, 1999.

_____. *Diário de uma expedição.* São Paulo: Companhia das Letras, 2000.

CUNHA, Luiz Antônio. *O ensino de ofícios nos primórdios da industrialização.* São Paulo: Editora da Unesp e Unesco, 2000.

DEWEY, John. *The school and society.* Chicago: University of Chicago Press, 1900.

DÓRIA, Sampaio. Questões de ensino. São Paulo: Monteiro Lobato & Cia, 1923.

EDUCAÇÃO E CIÊNCIAS SOCIAIS. *CBPE*, Rio de Janeiro, INEP, 1956, n. 1.

ELIAS, Norbert. *Os estabelecidos e os outsiders.* Rio de Janeiro: Jorge Zahar, 1994.

FERNANDES, Florestan. *Folclore e mudança social na cidade de São Paulo.* São Paulo, Martins Fontes, 2004.

_____. *A sociologia no Brasil.* Petrópolis: Vozes, 1980.

_____. A escola e a ordem social. *Pesquisa e Planejamento.* São Paulo, CRPESP, v. 6, 1963, p. 137-53.

_____. *A integração do negro na sociedade de classes.* São Paulo: Ática, 1965.

_____. *A revolução burguesa no Brasil.* Rio de Janeiro: Editora Guanabara, 1975.

_____. *Comunidade e sociedade no Brasil.* São Paulo: Edusp, 1969.

_____. *Mudanças sociais no Brasil.* São Paulo: DIFEL, 1974.

FERNANDES, Rogério. *As idéias pedagógicas de F. Adolfo Coelho.* Lisboa: Instituto Gulbenkian de Ciência/Centro de Investigações Pedagógicas, 1973.

_____. A educação infantil na obra de Francisco Adolfo Coelho. In: FREITAS, Marcos Cezar de; KUHLMANN JR., Moysés (Orgs.). *Os intelectuais na história da infância.* São Paulo: Cortez Editora, 2002, p. 267-88.

FOUCAULT, Michel. *The order of things.* New York: Vintage Books, 1973.

_____. *The birth of clinic.* New York: Vintage Books, 1975.

_____. *The archaeology of knowledge.* New York: Harper Colophon Books, 1972.

FRAGOSO, João; FLORENTINO, Manolo. *O arcaísmo como projeto.* Rio de Janeiro: Civilização Brasileira, 2001.

FREIRE, Paulo. Entrevista a Walter José Evangelista. In: BEISIEGUEL, Celso de Rui. *Política e educação popular.* São Paulo: Ática, 1982, p. 22-3.

FREITAS, Marcos Cezar de. *Álvaro Vieira Pinto*: a personagem histórica e sua trama. São Paulo: Cortez Editora, 1998.

_____. *História, antropologia e a pesquisa educacional*: itinerários intelectuais. São Paulo: Cortez Editora, 2001.

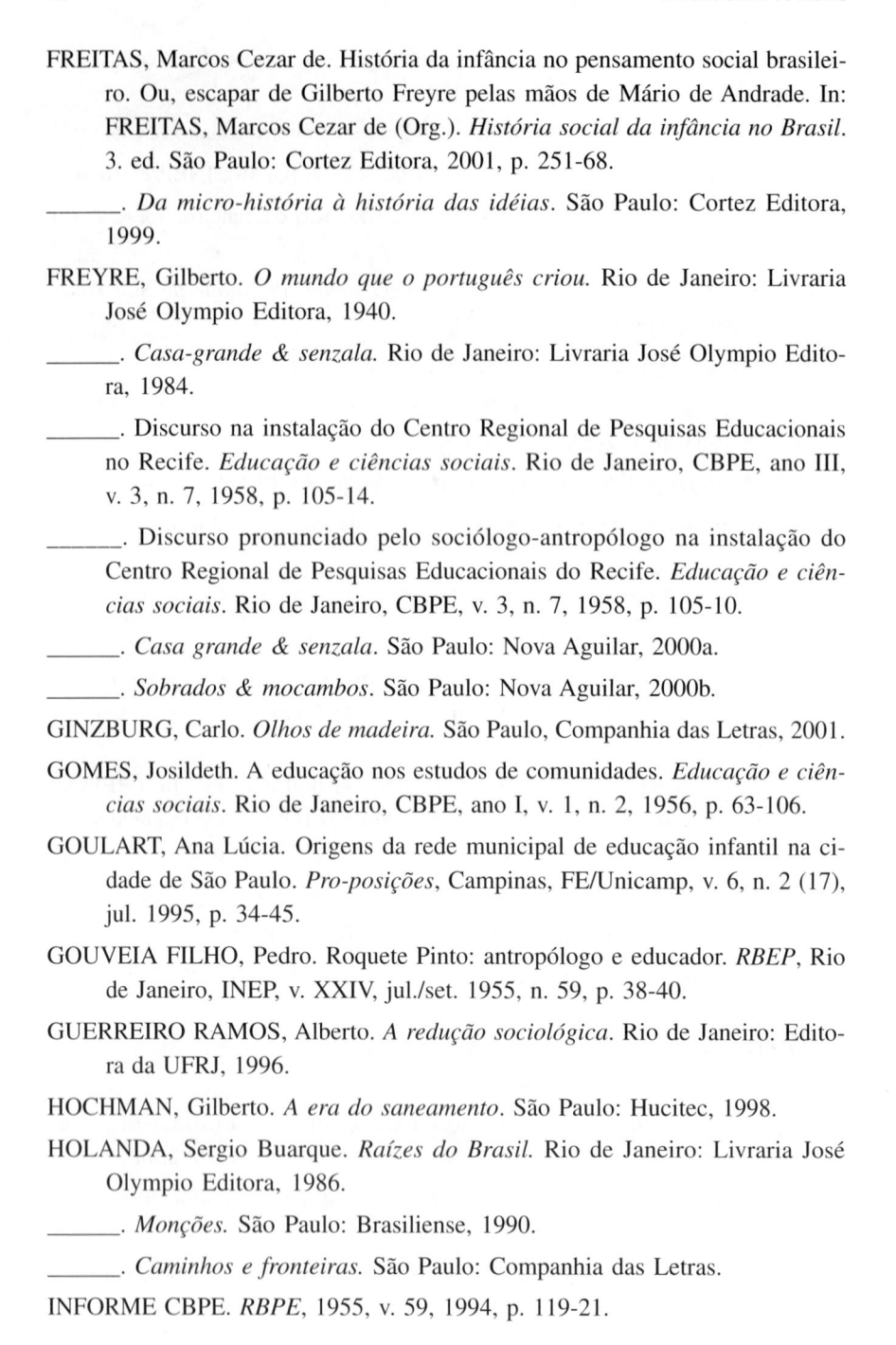

FREITAS, Marcos Cezar de. História da infância no pensamento social brasileiro. Ou, escapar de Gilberto Freyre pelas mãos de Mário de Andrade. In: FREITAS, Marcos Cezar de (Org.). *História social da infância no Brasil*. 3. ed. São Paulo: Cortez Editora, 2001, p. 251-68.

_____. *Da micro-história à história das idéias*. São Paulo: Cortez Editora, 1999.

FREYRE, Gilberto. *O mundo que o português criou*. Rio de Janeiro: Livraria José Olympio Editora, 1940.

_____. *Casa-grande & senzala*. Rio de Janeiro: Livraria José Olympio Editora, 1984.

_____. Discurso na instalação do Centro Regional de Pesquisas Educacionais no Recife. *Educação e ciências sociais*. Rio de Janeiro, CBPE, ano III, v. 3, n. 7, 1958, p. 105-14.

_____. Discurso pronunciado pelo sociólogo-antropólogo na instalação do Centro Regional de Pesquisas Educacionais do Recife. *Educação e ciências sociais*. Rio de Janeiro, CBPE, v. 3, n. 7, 1958, p. 105-10.

_____. *Casa grande & senzala*. São Paulo: Nova Aguilar, 2000a.

_____. *Sobrados & mocambos*. São Paulo: Nova Aguilar, 2000b.

GINZBURG, Carlo. *Olhos de madeira*. São Paulo, Companhia das Letras, 2001.

GOMES, Josildeth. A educação nos estudos de comunidades. *Educação e ciências sociais*. Rio de Janeiro, CBPE, ano I, v. 1, n. 2, 1956, p. 63-106.

GOULART, Ana Lúcia. Origens da rede municipal de educação infantil na cidade de São Paulo. *Pro-posições*, Campinas, FE/Unicamp, v. 6, n. 2 (17), jul. 1995, p. 34-45.

GOUVEIA FILHO, Pedro. Roquete Pinto: antropólogo e educador. *RBEP*, Rio de Janeiro, INEP, v. XXIV, jul./set. 1955, n. 59, p. 38-40.

GUERREIRO RAMOS, Alberto. *A redução sociológica*. Rio de Janeiro: Editora da UFRJ, 1996.

HOCHMAN, Gilberto. *A era do saneamento*. São Paulo: Hucitec, 1998.

HOLANDA, Sergio Buarque. *Raízes do Brasil*. Rio de Janeiro: Livraria José Olympio Editora, 1986.

_____. *Monções*. São Paulo: Brasiliense, 1990.

_____. *Caminhos e fronteiras*. São Paulo: Companhia das Letras.

INFORME CBPE. *RBPE*, 1955, v. 59, 1994, p. 119-21.

INFORME CBPE. *Revista Brasileira de Estudos Pedagógicos*. Rio de Janeiro, INEP, 1955, n. 59, 119-21.

JANOTTI, Maria de Lourdes Mônaco. *Os subversivos da república*. (Tese de Livre Docência). São Paulo: Universidade de São Paulo, FFLCH, Departamento de História, 1984.

JUNQUEIRA, Mary Anne. *Ao sul do Rio Grande*. Bragança Paulista: Editora Universitária São Francisco/CDAPH-IFAN, 2000.

KLINEBERG, Oto. Centro Educacional de Pesquisas Educacionais: Documentos Iniciais. Separata de *Educação e Ciências Sociais*. Rio de Janeiro, CBPE, INEP, 1956.

KUBINZKY, Zita P. Centro regional de pesquisas educacionais do sudeste: escorço histórico e estrutura atual. *Pesquisa e Planejamento*. São Paulo, CRPE, jan. 1975, n. 16, p. 7-28.

KUHLMANN JÚNIOR, Moysés. O jardim de infância e a educação das crianças pobres. In: MONARCHA, Carlos (Org.). *Educação da infância brasileira 1875-1983*. São Paulo: Autores Associados & Fapesp, 2001, p. 3-30.

KUHLMANN JÚNIOR, Moysés. *Infância e educação infantil*: uma abordagem histórica. Porto Alegre: Mediação, 1998.

LAMBERT, Jacques. *Os dois brasis*. São Paulo: Editora Nacional, 1973 (Coleção Brasiliana 335).

LEAL, João (compilador). *Obra etnográfica de Adolfo Coelho*. Coimbra: Publicações Dom Quixote, 1993, 2 v.

LEITE, Luci Banks (Org.). *Piaget e a escola de Genebra*. São Paulo: Cortez Editora, 1992.

LIMA, Nísia Trindade. *Um sertão chamado Brasil*. Rio de Janeiro: Revan, 1999.

LOBATO, José Bento Monteiro. Carta a Rangel. In: LUCA, Tânia de. *A revista do Brasil*: um diagnóstico para a (n)ação. São Paulo, Editora da Unesp, 1998.

LONDOÑO, Fernando Torres. A origem do conceito de menor. In: DEL PRIORE, Mary. *História da criança no Brasil*. São Paulo: Contexto, 1992, p. 129-45.

LOURENÇO FILHO, Manuel B. A psicologia no Brasil. In: AZEVEDO, Fernando de. *As ciências no Brasil*. Rio de Janeiro: Editora da UERJ, v. 2, p. 301-41.

_____. *Introdução ao estudo da escola nova*. 12. ed. São Paulo: Melhoramentos, 1978.

LOURENÇO FILHO, Manuel B. *Testes abc para verificação da maturidade necessária à aprendizagem da leitura e da escrita*. 7. ed. São Paulo: Melhoramentos, 1962.

LOURENÇO FILHO, Rui; MONARCHA, Carlos (Orgs.). *Por Lourenço Filho*: uma biobliografia. Brasília: INEP, 2001.

LUKE, Carmen. *Pedagogy, printing and protestantism: the discourse on childhood*. New York: State University of New York Press, 1989.

LUZ, Nicia Vilela. *A luta pela industrialização no Brasil*. São Paulo: Editora Alfa Omega, 1978.

MENUCCI, Sud. *Cem anos de instrução pública (1822-1922)*. São Paulo: Salles de Oliveira e Rocha Editores, 1932.

MONARCHA, Carlos. *Escola normal da praça*: o lado noturno das luzes. São Paulo: Editora da Unicamp, 1999.

MOOG, Vianna. *Bandeirantes e pioneiros*: paralelo entre duas culturas. Rio de Janeiro: Civilização Brasileira, 1959.

MOREIRA, J. Roberto. Aspectos atuais da situação educacional de Pernambuco. *Educação e Ciências Sociais*, CBPE, INEP, Rio de Janeiro, 1956, v. 3, p. 21-75.

MORSE, Richard. *O espelho de Próspero*. São Paulo: Companhia das Letras, 1988.

MORTATTI, Maria do Rosário. *Testes abc e a fundação de uma tradição*: alfabetização sob medida. In: MONARCHA, Carlos (Org.). *Lourenço Filho*: outros aspectos mesma obra. São Paulo: Editora da Unesp & Mercado de Letras, 1997, p. 59-90.

_____. *Os sentidos da alfabetização — 1876/1994*. São Paulo: Editora da Unesp & INEP, 2000.

MOTTA FILHO, Cândido. *Relatório apresentado ao Dr. Secretário da Justiça pelo Dr. Cândido Motta Filho*, Director do Serviço de Reeducação do Estado e Director do Reformatório Modelo. São Paulo, Governo do Estado, 1935.

MUDIMBE, V. Y. *The invention of Africa*. Bloomington: Indiana University Press, 1988.

NASCIMENTO, Abdias. Espírito e fisionomia do Teatro Experimental do Negro. In: *Quilombo*, Rio de Janeiro, ano 1, n. 3, 1949.

_____. O Teatro Experimental do Negro e seu instituto de pesquisa sociológica. In: *Relações de raça no Brasil*. Rio de Janeiro: Quilombo, 1950.

NETO, Vítor. *O estado, a igreja e a sociedade em Portugal (1832-1911)*. Lisboa: Imprensa Nacional, 1998.

NOGUEIRA, Oracy. O programa cidades laboratório. *RBPE*, INEP, Rio de Janeiro, 1959, v. 73, p. 47-52.

_____. *Preconceito de marca*. São Paulo: Edusp, 1998.

NOVAIS, Fernando. Depoimento. In: MORAES, José Geraldo Vinci; REGO, José Marcio (Orgs.). *Conversas com historiadores brasileiros*. São Paulo: Editora 34, 2002.

OLIVEIRA, Milton Ramon Pires. *Formar cidadãos úteis: os patronatos agrícolas e a infância pobre na primeira república*. Bragança Paulista: Edusf, 2003.

PEIRANO, Mariza. Antropologia no Brasil: alteridade contextualizada. *O que ler na ciência social brasileira (1970-1995)*. São Paulo, Editora Sumaré, v. 1, 1999, p. 225-66.

PENNA, Antonio Gomes. *História da psicologia no Rio de Janeiro*. Rio de Janeiro: Imago, 1992.

PEREIRA, Luiz. Rendimento e deficiências do ensino primário. CRPESP, DEPES, PS, Caixa 1, docs. 1-21, fls. 522, p. 1.

PEREIRA, Luiz. *A escola numa área metropolitana*. São Paulo: EDUSP, 1967.

PIERSON, Donald. *Teoria e pesquisa em sociologia*. São Paulo: Melhoramentos, 1945.

PINTASSILGO, Joaquim. *República e formação dos cidadãos*. Lisboa: Edições Colibri, 1998.

PINTO, Álvaro Vieira. *Consciência e realidade nacional*. Rio de Janeiro: ISEB, 1960, 2 v.

PIRES, António Machado. *A idéia de decadência na geração de 70*. Lisboa: Editora Veja, 1992.

QUENTAL, Antero de [1871a] (1993). *Leituras populares*. Lisboa: Coleção Pensamento Português, Imprensa Nacional. Recolhido por SERRÃO, 1982.

_____. [1871b] (1993). *Causas da decadência dos povos peninsulares nos últimos três séculos*. Lisboa: Coleção Pensamento Português, Imprensa Nacional. Recolhido por SERRÃO, 1982.

_____. [1871c] (1993). *Socialismo e filantropia*. Lisboa: Coleção Pensamento Português, Imprensa Nacional. Recolhido por SERRÃO, 1982.

ROSA, Zita de Paula. *O tico-tico*: mito da formação sadia. (Tese de Doutoramento). Universidade de São Paulo, Faculdade de Filosofia, Letras e Ciências Humanas, Departamento de História, 1991.

SAID, Edward. *Orientalism*: western conceptions of the orient. London: Penguin Books, 1991.

_____. *Cultura e imperialismo*. São Paulo: Companhia das Letras, 1995.

SALVADOR, Vicente do. Do nome do Brasil. In: MENESES, Djacir (Org.). *O Brasil no pensamento brasileiro*. Brasília: Senado Federal, 1998, p. 263-65. Excerto de *História do Brasil*. São Paulo: Melhoramentos, 1965.

SANTOS, Boaventura de Sousa. *A crítica da razão indolente*: contra o desperdício da experiência. São Paulo: Cortez Editora, 2000.

SANTOS, Wanderley Guilherme. Apresentação. In: FRAGOSO, João; FLORENTINO, Manolo. *O arcaísmo como projeto*. Rio de Janeiro: Civilização Brasileira, 2001, p. 12-3.

SASS, Odair. *Crítica da razão solitária*: o pragmatismo de Georg H. Mead. (Tese de Doutoramento). Pontifícia Universidade Católica de São Paulo, 1992.

SCHAEFFER, Maria Lúcia Pallares. Anísio Teixeira: uma motivação regionalista. *O Estado de S. Paulo*, 28 nov. 1976, p. 7-8.

SÉRGIO, Antonio. *Educação cívica*. Lisboa: Instituto de Cultura e Língua Portuguesa, 1915.

_____. *Sobre a educação primária e infantil*. Lisboa: Editorial Inquérito, 1939.

_____. *A criança e a educação*: como devem as democracias encarar o problema educativo. Lisboa: Editorial Gleba, s/d.

SERRÃO, Joel (Compilador). *Prosas sócio-políticas de Antero de Quental*. Lisboa, Imprensa Nacional, 1982.

SOUZA, Jessé de (Org.). *O malandro e o protestante*: a tese weberiana e a singularidade cultural brasileira. Brasília: Editora da UnB, 1999.

STONE, Lawrence. *The family, sex and marriage in England — 1500-1800*. London: Penguin Books, 1978.

TEIXEIRA, Anísio. Duplicidade da aventura colonizadora na América Latina e sua repercussão nas instituições escolares. In: TEIXEIRA, Anísio. *Educação no Brasil*. Rio de Janeiro: Editora UFRJ, 1999, p. 319-44.

_____. Discurso de inauguração do Centro Educacional Carneiro Ribeiro. Centro Regional de Pesquisas Educacionais de São Paulo, Arquivo do Centro de Memória da Educação da Feusp, *Dossiê Anísio Teixeira*, 1950, p. 78.

TEIXEIRA, Anísio. *Educação e o mundo moderno*. São Paulo: Editora Nacional, 1977.

_____. *Educação é um direito*. Rio de Janeiro: Editora da UFRJ, 1996.

_____. *Educação não é privilégio*. Rio de Janeiro: Editora da UFRJ, 1994.

_____. *Educação no Brasil*. Rio de Janeiro: Editora da UFRJ, 1999.

TODOROV, Tzvetan. *Nous et lês autres*: la réflexion française sur la diversité humaine. Paris: Editions du Seuil, 1989.

_____. *A conquista da América: a questão do outro*. São Paulo, Martins Fontes Editora, 1991.

TORRES, Alberto. *A organização nacional*. São Paulo: Editora Nacional, 1938a.

_____. *As fontes da vida nacional*. Rio de Janeiro: Papelaria Brasil, 1915.

_____. *O problema nacional brasileiro*. São Paulo: Editora Nacional, 1938b.

UM EDUCADOR BRASILEIRO: LOURENÇO FILHO. Rio de Janeiro: Associação Brasileira de Educação & Melhoramentos, 1958.

VENTURA, Roberto. *Estilo tropical*: história cultural e polêmicas literárias no Brasil. São Paulo: Companhia das Letras, 1991.

VERÍSSIMO, José. *A educação nacional*. Porto Alegre: Mercado Aberto, 1985.

WILLEMS, Emílio. *A aculturação dos alemães no Brasil*. São Paulo: Editora Nacional. (Coleção Brasiliana 250), 1980.

_____. *Assimilação e populações marginais no Brasil*. São Paulo: Editora Nacional. (Coleção Brasiliana 250), 1940.

XAVIER. Libania Nacif. *O Brasil como laboratório*. Bragança Paulista: Edusf, 2000.

ZILBERMANN, Regina. Em busca da criança leitora. In: MIGNOT, Ana Chrystina Venacio et al. (Orgs.). *Cecília Meireles*: a poética da educação. Rio de Janeiro: Loyola, 2001, p. 175-88.

Impresso por
EGB
Editora Gráfica Bernardi Ltda.
Tel/Fax: (11) 6422-6459 / (11) 6422-7248
E-mail: egb@egb.com.br
www.egb.com.br